能登半島記（未完）

この本に掲載されている記事の日付は、北陸中日新聞「能登版」の掲載日です。２０２４年の「能登版」は1月5日(金)にスタート。月1回の休刊日、衆院選の特別紙面を除き毎日の連載です。本書では２０２４年10月末までを掲載しています。写真は断りがない限り著者が撮影したものですが、一部過去の記事で使用した資料写真が含まれています。

はじめに

あろうことか元日だったから、インパクトが強かったから、覚えている方は多いかもしれません。でももしかしたら、遠く離れた場所の、遠い昔の話だと感じている方もいるかもしれません。2024年1月1日午後4時10分。能登半島地震です。あの日から、300日を数えます。

この地に拠点を置く地元メディアの取材者として、ペンを握っています。被災した新聞記者の1人です。今なお傷が癒えず、痛ましさ残る被災地を歩き、声なき声に耳を傾ける日々です。

◆「この世の終わりや」

どこの誰が、何をどうしたくて、その硬い引き金を引いたのか。あまりにも、むごい仕打ちです。あわれみの心、これっぽっちもないです。標的となり、ど真ん中を射抜かれた能登半島。最大震度7の大きな揺れは、のどかな里山里海の景観を、そこで暮らす人たちの生活を、一瞬にして、容赦なく壊しました。

この10カ月間で、地震の死者は445人に上ります。避難所で病気を発症したり、持病の悪化などで息を引き取る「災害関連死」は、今も増え続けています。断水は県内だけで最大およそ11万戸にも及び、少なくとも9万1110棟の家屋が全壊や半壊などの被害を受けました。「爆弾落ちたんか。この世の終わりや」。割れた道路にへたり込んだお年寄りのわなわなした声が忘れられません。

◆だんらんから地獄絵図へ

こともあろうに元日が狙われたのです。世の人々が故郷に集い、華やぎ、和やかに、みんなで1年の幸せを願う特別な、大切な日です。キュイン、キュイン…。緊急地震速報のけたたましい警報音がほのぼのとしただんらんを切り裂きました。代々受け継ぐ能登瓦の家々がつぶれます。火の手が上がり、真っ黒な津波が襲います。逃げ惑う人々。地獄絵図へと化したのです。

　言葉が出ません。涙こらえることできません。崩れた土砂で埋もれた実家の前で幼いわが子の名を叫び続けた父親がいます。別の場所では、帰省した息子のため、張り切っておせちをこしらえていた母親が犠牲に。また別の場所では、かわいい盛りの孫のため、お年玉を用意していた祖父が帰らぬ人となりました。情けをかけること一切なく、能登の正月をめちゃくちゃにしたのです。ささやかな幸せも、思い出の部屋も、そして大切な人も、何もかも奪ったのです。

◆「なんとんない」

　日本海に突き出た「能登国」。細長く、平地が少ない急峻な半島です。その昔から、多様な魅力を育んできた地形がネックとなり、なかなか復興が進みません。停電、断水、通信障害、道路寸断、がれきの撤去…。どの項目をみても、２０１６年の熊本地震や、その5年前の東日本大震災よりも、難航している感が否めません。

　それでも、です。能登の人たちはくじけず、励まし、支え合います。「大丈夫。何ともない」を意味する「なんとんない」。この言葉を避難所で何度も、何度も聞きました。我慢ばかりで窮屈なのに、すごく不自由で、この先に不安が募るのに、自分よりも周りを気遣って「なんとんない」。奥ゆかしく、控えめに語るのです。いつかまた趣味の花を育て、近所の友達と茶をすすり、誰に遠慮することなく風呂に入り、あったかい布団で目を閉じる。そんな当たり前の、落ち着いた日常が戻ると信じ、歩み始めていました。いてつく冬を耐え、春に準備し、夏をしのぎ、また巡る冬に備えていた秋でした。

◆8カ月後、再びの試練

　「千年に一度」の大地震から8カ月余り、9月下旬のことです。今度は「百年に一度」の記録的な豪雨が能登を襲ったのです。大小の河川が氾濫し、大規模な土砂崩れが相次ぎ、いくつもの集落を孤立させます。地震で助かった能登の命をのみこみます。これまでに、自宅で留守番していた14歳の女子中学生を含む15人の死亡が確認されています。ようやく引っ越したばかりの仮設住宅も濁った水につかりました。長靴より上、ひざのまわりを泥だらけにした被災者が再び避難所へと戻っていきます。再び段ボールのベッドで朝を迎えています。「なんとんない」を口にする力、もう残っていません。

◆能登半島という船で揺れている

傷口に塩をもみ込まれた多重被災の地。誤解を恐れず、オブラートに包まず、言います。能登の危機だと感じています。過疎の市町が肩寄せ合う半島は地震と火災と津波にやられ、もがいています。人口流出が急加速しています。「がんばろう　能登！」「ご支援ありがとうございます」――。復興を願い、被災者が思いを込めて手書きした木の看板は豪雨にたたかれ、流され、無情にも泥をかぶっています。

そんな今こそ伝えたくて、1人でも多くの人に目を向けてほしくて、筆を執りました。北陸中日新聞の朝刊「能登版」に、あの日以来、1日も欠かさず掲載を続ける掌編コラムに「半島記者の追想」という新たな書き下ろしも加え、一冊にしました。東京新聞の朝刊「特報面」でも掲載されている小さな囲み記事のシリーズです。担当する能登の4市5町を歩き、目の前に広がった景色、拾い集めた被災者の肉声です。

能登

能登名物
おだまき
御菓子司 たにぐち
☎0767-29-2112

神様どうして

半島記者つぶやき

いつもの道が通れません。崩れた橋の向こう、いつもの景色が見えません。正月の青空があまりにきれいで逆に切ないです。激しい揺れを何度も何度も乗り越えてきた能登。遠慮せず、言います。今回は存続の危機を感じています。今こそ誓います。北陸中日新聞はずっと寄り添います。一緒に揺れ、一緒におびえ、一緒に泣きます。この地に拠点のあるメディアです。橋の向こうが見えると信じ、能登の強さを伝えます。被災者の1人なのです。（前口憲幸）

「何があっても、北陸中日新聞は恐れません。能登半島という大きな船を降りません。大きく揺れても、たとえ沈みそうな危機に瀕しても、握ったオールを放しません。能登のために、本気で泣ける記者が乗っているのです。現場を知れば知るほど、今は『復興』という言葉を気安く使えません。けれど、必ず夜は明ける。そう信じます」――。これは地震から1カ月の節目に合わせた「能登版」の記事です。取材現場を統括する七尾支局長として誓ったメッセージです。この思い、少しも揺らいでいません。

◆元旦は追悼の日

でも正直、ここ最近、心の隅っこにもやもやが宿っています。「ほんと言うとね、もう正月こんといてほしい。よくある元日のああいう感じとか思い出したくない。おとろしなる。でもうちの近くでも亡くなった人おるしね。なんもかも忘れたらだめやしね。どうしたらいいんか分からん」。秋空がきれいな日。引き戸がガタガタなままの玄関先です。夫と2人で暮らす70代の知人女性が、道路の向こうのススキを眺めながら、こんな思いを打ち明けました。「そうか、そうですよね」。うまく言葉が見つからず、心落ち着かず、少し間を置いてから、もごもごと返しました。

あらためて、この現実に気づきます。この先ずっと、能登の人たちは、能登にゆかりある人たちは、元日を迎えるたび、黙とうをささげます。子や孫を、親を、かけがえのない友人をしのびます。胸がいっぱいになっておえつが漏れるかもしれません。お祝いの日ではなく、追悼の日なのです。「おめでとう」が言えないのです。

能登で暮らし、誰かと会い、うんうんとうなずき、共感し、怒り、泣き、一緒に数えてきた300日。このコラムは、すぐ目の前の、その瞬間を切り取った記録です。まぶたに焼きついて離れない記憶です。あの日を知る被災者の1人として、休むことなく伝えている被災地のリアルです。

2024年11月1日　前口憲幸

もくじ

【七尾湾のボラ待ちやぐら】

七尾湾の「ボラ待ちやぐら」(2008年撮影)。魚の群れが通るのをひたすら待つというゆったりとした漁法。やぐらは地震にも耐え、現在も見ることができる。おだやかな内海の向こうに見えるのは立山連峰。

神様どうして

いつもの道が通れません。崩れた橋の向こう、いつもの景色が見えません。正月の青空があまりにきれいで、逆に切ないです。激しい揺れを何度も、何度も乗り越えてきた能登。遠慮せず、言います。今回は存続の危機を感じています。今こそ誓います。北陸中日新聞はずっと寄り添います。一緒に揺れ、一緒におびえ、一緒に泣きます。この地に拠点のあるメディアです。橋の向こうが見えると信じ、能登の強さを伝えます。被災者の１人なのです。

５日（金）

無力感

里山里海の風景を象徴する能登の黒瓦。つややかで統一感ある自慢の屋根があちこちで崩れ落ちています。あめのようにぐにゃりと曲がり、電柱にもたれかかるよう。言葉を失う光景ですが、まち並み修復の優先順位はずっと後です。発生5日目。生き埋め情報が日に日に増えています。津波で流された行方不明者がいることも明らかに。なお被害の全容が見えないのです。無残に散らばる能登瓦を見るたび、砂をかむ思いに駆られます。

6日（土）

どうか白く染めないで

かわいい盛りの孫たちに囲まれて笑った祖母にも、帰省したわが子におせちを食べさせようと張り切った母親にも、もう二度と会えません。元日の能登を襲った大地震。あまりに残酷で、悔しくて、遺族を思うと涙が出ます。発生６日目。奪われた尊い命は１００を超えました。子どもら２００人以上の安否が分かりません。この週末、雨から雪に変わる予報です。どうか被災地を白く染めないで。懸命の救出作業を邪魔しないでほしいのです。

７日（日）

流れぬ景色

時計の針が止まったよう。能登路を縫うＪＲの特急です。あの日から１週間。霧が立ち込める朝早く、七尾市で線路の真ん中に立ちました。空っぽの列車はこちらに向かってくることはありません。遠ざかっていくこともありません。じっと雪交じりの雨をはじいています。すぐ隣を走る県道には深い亀裂があちこちに。異様な光景です。たとえ鉄路が絶たれても、能登への思いは断たれることはない。足元の砂利を見ながら、そう言い聞かせます。

８日（月）

「絶対に行く」

手元の便箋は、こう始まります。「記者なのに言葉が見つかりません」。地震から1週間の節目、名古屋から手紙が届きました。新聞記者として、市井の人として北陸を愛し、石川を愛し、能登を愛した先輩が、被災した七尾支局に届けました。感受性が強く、相手の目線で記事を書く人です。そして涙もろいです。「第二の故郷が…」「今すぐ飛んでいきたい」。目を潤ませ、ペンを握る姿が浮かびます。「絶対に行く」。そう結ばれています。　9日（火）

この光景かなわず

一生に一度。この日ばかりは上品に、大人っぽく。キラキラの髪飾りに悩みに悩んで選んだ振り袖。恩師と再会し、幼なじみと語り合う―。成人の日。北陸中日新聞は毎年、希望に満ちあふれる「はたちの物語」を総力取材し、県内全域をカバーする特別紙面を届けてきました。1年前のスクラップ帳はとても華やかです。が、今年は4市5町を担う能登版にVサインする笑顔がありません。仲間と頬を寄せる写真がないのです。ほんの一枚も。　10日（水）

「より細やかなサービスで…」

こんな時に届くから、その文面が、写真が希望に満ちているから、感情が揺さぶられます。七尾支局に年賀状が届き始めました。地震で中断していた配達が一部で再開されたのです。「より細やかなサービスで…」。甚大な被害で絶望の淵に立つ和倉温泉の老舗は、そうつづります。支配人の泣き顔が浮かぶから、余計につらいです。届け先のない年賀状が数え切れないほどあります。その一枚を目にせぬまま、逝った方々が大勢いるのです。

11日（木）

今、被災者として

用を足す。そのたびにタンクのレバーに触れそうになります。思わず蛇口に手を出す自分もいます。一滴も出ないのに、です。断水から10日余り。染み付いた習慣が抜けません。災害取材のこと、現場に向かう記者のこと、そして能登の将来なんかをぼやーっと考えながら、無意識に、無駄な行動を繰り返してます。正直、不自由です。が、わが家が崩れた方々に比べたら、大切な人を失った方々に比べたら何ともないです。水が流れなくても。

12日（金）

湯船に落ちた涙

手ぬぐいを頭にのせ、ふーっとひと息。被災者の男性は湯船につかり、目を閉じた瞬間、自然と涙がこぼれたそうです。人前で弱音を吐いたことはありません。何とか暮らしを立て直そうと踏ん張り、余震に身構え、断水を強いられる日々に、張り詰めていた糸が解けたのでしょうか。悔しさがこみ上げたのでしょうか。あの日から、もうすぐ2週間。今、男性の涙が分かる気がします。今年の初風呂はほろ苦く、忘れられない湯船になりそうです。

13日（土）

雪の夜道、凸凹…

ガクンに続き、シューッと伝わる嫌な感覚。パンクです。被災地の惨状を伝えようと、小さな声を拾い上げようと、東奔西走する取材記者たちのアクシデント。実に2日に1回の頻度です。ひび割れ、へこみ、ゆがむ道路。液状化で1メートル近く飛び出たマンホールも珍しくありません。そして再び降り始めた雪。暗くなると路面の凸凹はさらに見えにくく…。傷んだ能登路は今、安心して真っすぐ走ることさえ、ままならないのです。

14日（日）

「一番の合格祈願や」

高3の冬。先生の顔、その声もよく覚えています。「一番のお守り何か教えるわ」。大学入試センター試験、今で言う共通テスト直前。不安を和らげようとしたのでしょう。先生は続けます。「何回も何回も解いた問題集や。手あかついとるやろ。それ見たら安心する。持ってけ」。何十年も前。時代は変わり、古いお守りかもしれません。でも、この時期がくるたび、記憶よみがえります。能登の受験生を思うと、がれきの山が残酷でなりません。

15日（月）

あぁ加賀屋

ただ純粋に表裏なく、心の底から気遣う「おもてなし」。この言葉の原点があるというと、大げさでしょうか。「プロが選ぶ日本のホテル・旅館100選」。総合1位の栄誉はこの老舗のためにあるというと、言い過ぎでしょうか。創業約120年。日本一の宿も深刻な被害です。天皇、皇后両陛下も歩いた玄関先に走る亀裂の長さ、深さ、鋭さが胸に刺さります。そろいの着物で手を振り、深々と頭を下げ続ける仲居さんの姿が消え、2週間です。　　16日（火）

目をそらさずに

29年前のきょう、日本で初めて震度7の地震が観測されました。約6400人が亡くなった阪神大震災。その教訓は生かされたのか―。徹底検証が必要です。でも、それはまだ先。今なお安否不明者がいるのです。中日新聞社は総力取材を続けます。「1・17」当時を知らない、30歳にならない記者たちが被災地を歩いています。ペンを握り、その声に耳を傾けています。220余りの命が奪われた「1・1」の現実をつぶさに伝えていく覚悟です。

17日（水）

「力になりたい」

居ても立ってもいられず、故郷へ。能登を何とかしたいという一心で被災地へ。世界的パティシエ辻口博啓さん。ツンとした金髪も、おしゃれに着こなす真っ白な制服も、軽妙な語り口もありません。ベレー帽に運動着。切羽詰まった表情で本紙の取材に応じました。「原風景が崩れた」「力になりたい」「絶対にピンチ救う」―。輝く宝石のようなスイーツを生み出すしなやかな指。ひざに置いたその両手は硬く、こわばった握りこぶしでした。

18日（木）

信じたくない遺影

甚兵衛羽織の模様につぶらな目、恥ずかしがり屋のジンベエザメ。魅力を伝えようと「のとじま水族館」（七尾市）に頻繁に通いました。売店に並ぶ1個約3万円の特大ぬいぐるみが次々売れてました。が、雄ハチベエに続き、雌ハクも地震の犠牲に。今、思い出します。互いの尾びれを重ねるように泳ぐのに、超でかいから全身のペア写真が撮れません。飼育担当の方が捉えた1枚をもらい、記事に添えました。信じられません。それが遺影になるとは。

19日（金）

「今ね、助けにきたんや」

赤い毛糸の帽子の女の子。小さな声で尋ねます。「何でイチゴにくまモンの顔あるん？」。母親は教えます。「くまモンのとこもね、大きい地震あったんやって。怖かったって。今ね、助けにきたんやって」。女の子はじっと聞いていました。その隣でじーんときていました。「赤ちゃんポスト」で知られる慈恵病院（熊本市）が大量の食材を持ち込んだ炊き出し。その会場での一場面です。赤いほっぺの人気者は今、募金に奔走しています。能登のために。

20日（土）

踏んばる「A」

能登の冬空。見上げた先、2本の電柱が重なり、ローマ字の「A」になっています。電線が垂れ下がり、ひび割れた地面に触れています。遠くで聞こえる救急車のサイレン。自衛隊車両と何度もすれ違います。多くの人が懸命に手を差し伸べても、すぐに日常は戻ってこないんだと実感します。被災地に身を置き、20日間。取材拠点の七尾支局も水は出ません。が、電気は届いています。踏ん張る「A」を見るたび、感謝の気持ちがこみ上げます。

21日（日）

水を飲みたがらない子どもたち

とてもデリケートな問題です。が、恥ずかしがる話ではないですし、隠す必要もありません。この写真は被災し、断水が続く七尾支局のトイレ。取材記者はみな段ボールで組み立てた便器に座り、黄や緑の袋の中へ。殺菌の凝固剤をパパッと振りかけ、袋の口をしばります。心身の健康のため、トイレ対策は最優先。だからストレス多い避難所の人たちが心配です。今、能登には水を飲むのを我慢する子がいます。トイレに行きたがらないのです。

22日（月）

年神様も被災

ガラスが割れ、壁がはがれた玄関先で揺れるしめ飾り。オレンジ色の小さな実が、震災で色を失ったまちにぽつんとあるから、松の内を過ぎてもそのままだから、いとおしくなります。新年の幸せをもたらすため、元旦に降りてくる「年神様」。どの家に入るか、目印がしめ飾りと言われます。大掃除を終えた居間でおせちを囲む家族を見守るのです。ならば年神様。一緒に被災されたのでしょうか。どうか能登を救ってもらえませんでしょうか。

23日（火）

波音だけが穏やか

冬晴れ。昼下がり。接岸した白い船は右へ左へ、ゆっくりとリズム刻みます。ザバーッザバーッと耳に届く静かな波音。あまりに穏やかだから、傷だらけの地面とのギャップに複雑な気持ちになります。足元にはぞっとするほど深く、果てしなく伸びる亀裂があります。広い範囲で津波被害も確認された能登の沿岸部。海岸の隆起は深刻な事態です。水色の空と海に囲まれていると、にわかには信じがたいです。が、あの日、自然は牙をむいたのです。

24日（水）

がれきにつらら

深く傷つき、それでも何とか前に進もうともがく能登に試練です。東京や名古屋でも雪が舞い、名神高速で立ち往生が発生した日。被災地にも容赦はなく、取材でペンを握る指先がまひする寒さ。氷点下です。道路脇には倒れ、つぶれた冷蔵庫。奥には赤い水玉模様の小さな傘、青い丸皿、緑の果物かごがみえます。元旦のだんらんを一瞬で奪った地震から3週間余り。なお19人の安否が分かりません。いてつくがれきの前に立つ家族の苦しみを思います。

25日（木）

「能登と同じです」

ぜいたく言いません。ただこの先2カ月続くかも、との情報に気分沈みます。断水が続く七尾市。ポリタンクからちょろちょろ出して手を洗ってます。この貴重な水、実は隣県富山ブランドです。全国の巡視船が富山新港でくみ、七尾港へ。自衛隊の給水車を通じ、供給しています。現地射水市の担当者は言います。「うちの自慢は水。あと食と祭り。能登と同じです。応援します」。命つなぐ水は「東洋のベニス」と称される美しい港町から…少し元気でます。

26日（金）

「生きて」「助かって」

黒マジックの走り書き。切迫感、いや焦燥感が伝わります。七尾市内の避難所にある伝言板。「祈ることしかできません」。輪島市で被災したという避難者は、こう言葉をつなぎます。「生きて」「助かってほしい」。地震から25日目、輪島市の死者が100人を超えました。県都金沢から北へ約120キロ。奥能登随一の観光地は大規模な火災で黒焦げです。今、平静を装っています。が、実はホワイトボードにあった文字が、叫びが、頭から離れません。「生きて」―。

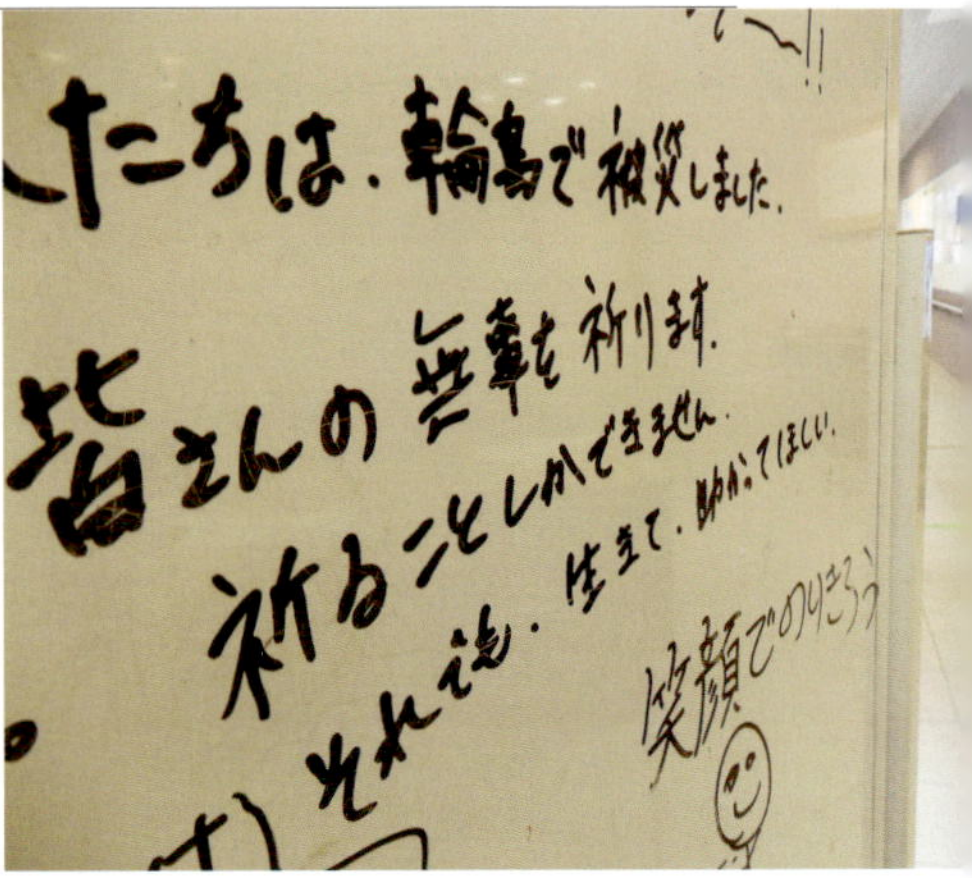

27日（土）

「偏ったらいかんよね」

刻一刻と変化する大惨事の中で、その声は小さく、時にかき消されます。事情を抱えて避難所に行かず、行けず、在宅避難する人たちがいます。断水が続く七尾市で独り暮らしの高齢者を支援する読者の女性宅を訪ねました。「偏ったらいかんよね、物資も報道も」。自らかき集めた水や麺を仕分けしながら、こう問います。背筋が伸びます。いま一度、伸ばすべきなのです。地域も行政も、そしてメディアも。助けを待っている人がすぐ近くにいます。

28日（日）

「あぁ…ちびたい」

「ちびたい」。被災地でよく耳にします。「冷たい」の方言。避難所のお年寄りが口にします。屋外の仮設トイレを使うたび、手を洗うたび、嘆息します。「あぁ…ちびたい」。地震発生から1カ月を控え、なお県内全域で約4万3千戸が断水中です。仮設の狭さ、暗さ、臭い、多少の段差はみな黙ってます。が、手洗いの際に声が出ます。雨水をためるバケツをのぞき込むと凍結していました。蛇口から出る雪解け水。ものすごく「ちびたい」のです。

29日（月）

「全部うそやったらいいがにな」

深い悲しみの波は静まることなく、消えることなく、能登に押し寄せています。地震から28日目、珠洲市の土砂崩れ現場で新たに1人の遺体です。間もなく1カ月だというのに、懸命の捜索が続くというのに、今なお安否不明リストに19人の名があります。いかに被害が甚だしいか。「おとろしい（恐ろしい）。全部うそやったらいいがになと思う」。背中を丸め、避難所の椅子に座るお年寄りから聞いた言葉が無垢《むく》だから、切ないです。

30日（火）

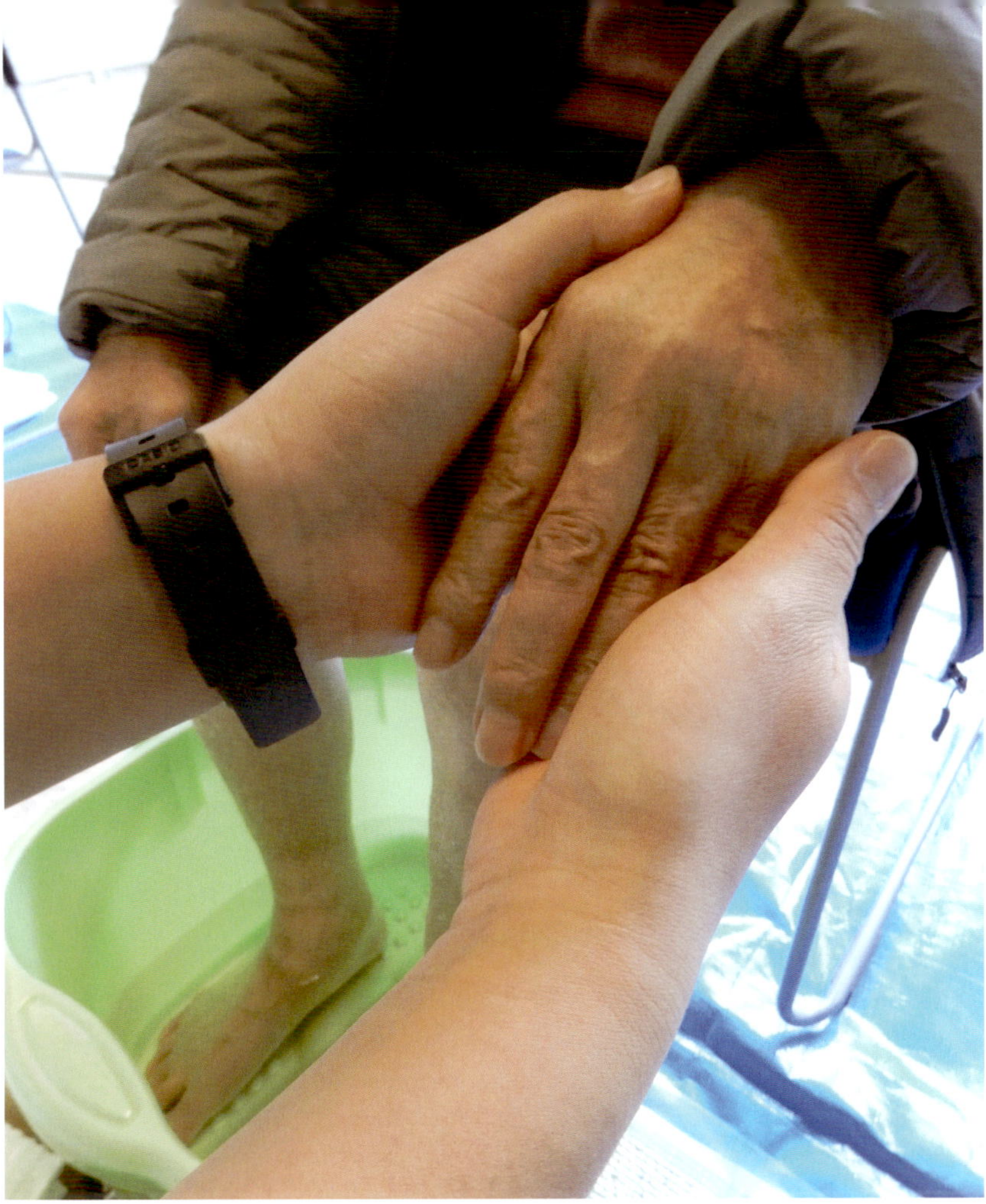

「ほんとあったかい」

そっと手を握られ、男性が両足を湯に浸します。「ほんと涙でるわ。あったかい」。81歳。はにかみ、目を閉じます。断水が続く七尾市の避難所での足湯サービス。「壁が全部落ちてもた」「元日からいっぺんも帰っとらん。風呂入れんし」。女性スタッフはうんうんとうなずきます。刻まれた手のしわを伸ばし、心もほぐします。バケツにはカセットこんろで沸かした湯。檜《ひのき》の湯船でも天然温泉でもないけれど、日本一あったかい。心からそう思いました。

31日（水）

くつがえる信念

◎半島記者の追想　1月

　神様も仏様も信じてませんでした。駆け出しの頃の警察担当、いわいる「サツ回り」だった時です。祖母の墓参りをした孫が帰り道、事故に巻き込まれて亡くなりました。おえつする父と母の背中。心えぐられます。もしもこの世に神や仏があるのなら、天国に手を合わせたばかりの孫に、その家族に、こんなにもむごいことはしない。そう悲憤しました。なのに、です。2024年の元日。壊れた能登の景色に頭の中をぐるぐる回ります。「神様どうして」—。すがるような思いでした。この日から被災者になりました。七尾支局の3階にある住まいは水一滴でません。トイレ流せません。固定電話もFAXも繋がりません。スマホの電波はやけに弱いです。こうした中、地元メディアとして総力取材が始まります。北陸を中心に東京、名古屋、浜松の各本社から次から次へと応援の記者が能登入り。支局1階の文化センターを開放し、寝泊まりできるよう布団を並べます。夕刊、そして朝刊…。犠牲者が増えていきます。粉雪舞う能登。割れた道、ぺしゃんこの家を白く染める被災地を歩きます。顔も洗わず、避難所に足を運びます。「風呂入りてえなぁ」。お年寄りの言葉にうなずきます。重なる境遇。胸がじんときます。そして「神様どうして」がぐるぐる回ります。初めて能登を離れたのは20日ほどたってから。ガタガタ道を車で走り、金沢へ。道はすべすべ。融雪用の水が噴き出ています。ついさっきまでポリタンクを傾けて手を洗っていたのに。いつも通りの、当たり前の冬の光景に違和感です。そして「初風呂」。肩まで、いや鼻までつかります。指先がしびれるくらいあったかくて、ありがたくて、涙が出そうで、思わず湯船に顔、沈めました。

2024年2月

【 垂水の滝 】

輪島市と珠洲市の境界にある「垂水の滝」。直接海に流れ落ちる滝として有名だったが、震災後は海底隆起により景色は一変している。

『この世の終わり』

真っ黒な帯に白抜き。おどろおどろしく「石川で震度7」。北陸中日新聞が元日に出した号外です。表裏に写真6枚。報じた生き埋めは6件でした。が、その後の見出しは時に嘆き、重苦しく、未曽有の事態を告げていきます。3日「町崩壊『この世の終わり』」。4日「医療、救助近づく限界」。5日「目の前家族救えず」…。痛々しくて、スクラップ帳をめくる手が止まります。ゆがんだ能登の明日を思うと寒心に堪えません。号外から、1カ月です。

1日（木）

「被災者の気持ち全部書いてある」

地震1カ月の朝。七尾支局の電話が鳴りました。「きょう朝刊を追加でほしい」。被災した地元の販売店は電話が故障中。顔も名も知らぬ読者です。が、聞けば「避難所から戻った」とのこと。15部を持参し、ご自宅へ。すると遠方から届いた何通もの手紙を机に広げ、教えてくれました。「心配してる友人に返事を出す。節目の新聞を添えて。何が起きたか、被災者の気持ちはどうか、全部書いてある」。本紙は取材を続けます。能登の今を伝えます。

2日（金）

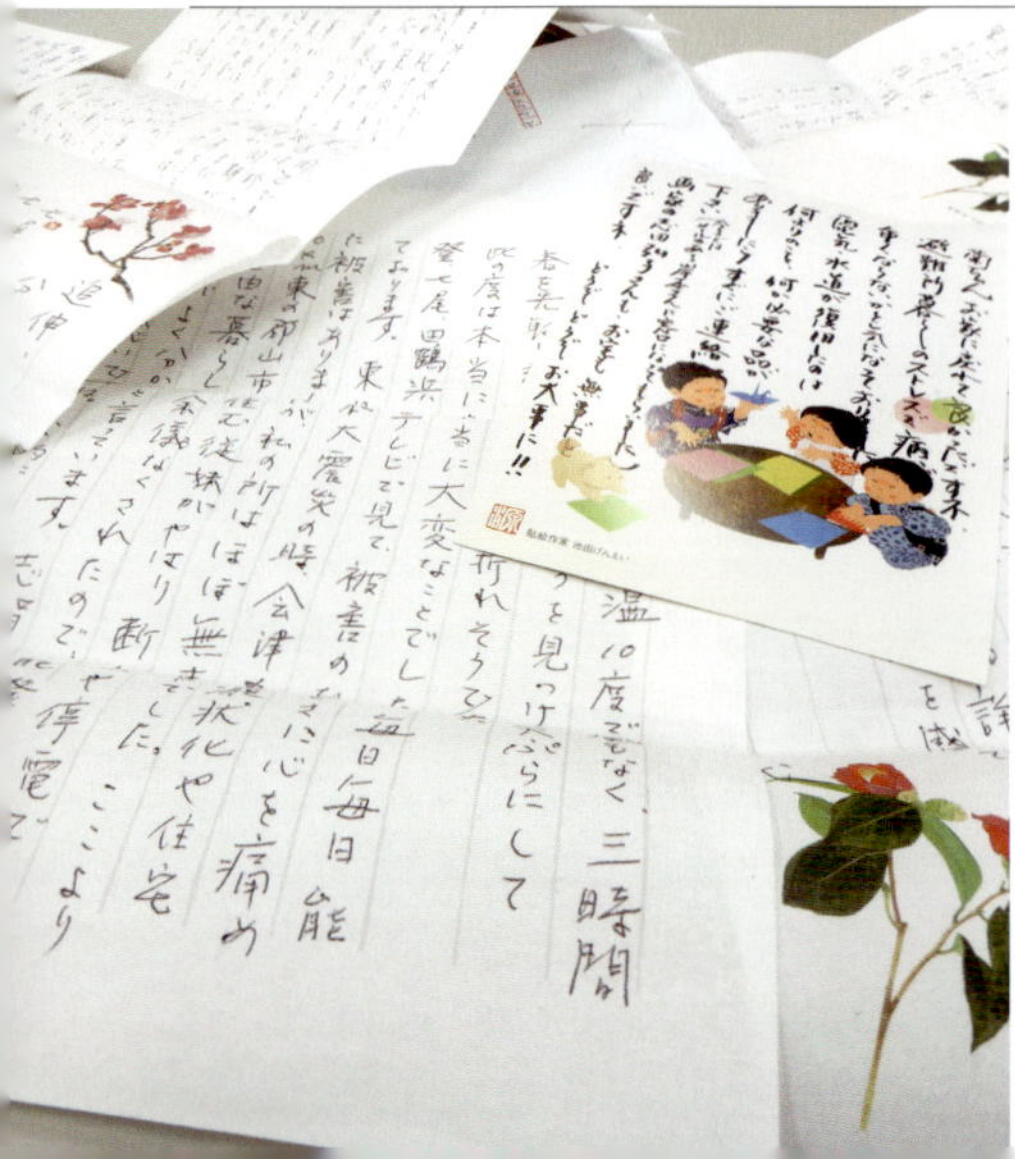

鬼退治さえ…

雨でも雪でもちゅうちょなし。最初にすべての窓を全開にするのがルールです。節分の豆まき。鬼を払い、福を招き入れます。「鬼はぁ外！福はぁ内！」。終わったら、鬼が戻ってこれないようすぐ戸締まりします。豆は「魔滅《まめ》」とも言われます。魔を滅ぼします。そう信じ、ずっと昔からみんなで豆をまき、年齢の数だけ食べ、無病息災を願ってきました。今、能登には戸締まりできない家があります。邪気払いさえ、できないのです。

3日（土）

「そこらじゅうや」

こちら「輪島駅前」。首を右に倒します。45度、いや30度、首を右に傾けて「青」になるのを待ちました。真っすぐが当たり前の信号機が真っすぐでない。1月末。地震から間もなく1カ月の時期でも、なお真っすぐではないのです。信号待ちする隣のお年寄りに声をかけます。「違和感ありますね」。するとうなずくことなく、言葉を返します。「そこらじゅうや」。そうです。駅の看板も歩道も、そして建物もあちこちゆがんでいるのです。

4日（日）

朝市を返して

目を背けたくなる痛ましさ。息をのみます。足すくみます。見渡す限り、爆撃を受けたような光景なのです。輪島朝市の周辺は想像を絶するむごさです。地を突き上げる揺れ、大津波警報、荒れ狂う炎。元日の夕、なすすべなく逃げ惑った親や子を思うと、やりきれません。地獄絵図が浮かび、冷静に見つめることができません。朝市が消えたのです。鉄くずを焦がしたようなにおいを思い出すたび、鼻がつんときて、胸がじわっとなります。

5日（月）

後ろめたさ

何の前触れもなく、その瞬間は訪れました。七尾支局の水道が復旧です。大地震から36日目。渇いた蛇口はゴボッゴボッと濁水を吐き出した後、ジャーッと音を立てました。まだ飲用禁止です。でも顔は洗えます。洗濯できます。風呂入れます。思わず「よしっ」と声出ました。が、実は今、胸の奥がもやもやしてます。給水車に黙って並ぶ人たちの顔が浮かぶのです。みんなを裏切ったような、何だか申し訳ないような、複雑な気持ちでいます。

6日（火）

「小便はひしゃく。大便は袋」

臭いものにはふたをする。ではなく、誰もが真剣に向き合うべき話です。災害のたび課題となるトイレ。風呂は我慢できても、これは我慢できません。「小便はひしゃく。大便は袋」。七尾支局の取材班（男子）の合言葉でした。水道復旧から2日目。外に響く防災無線がやたら気になります。「本日の給水支援は…」「皆さん水を入れる容器を持ち…」。あの合言葉を忘れません。忘れられません。この先ずっと忘れてはいけないと思ってます。

7日（水）

祈りささげて

残酷な焼け跡から、誰が、どんな思いで拾い上げたのでしょうか。どれだけ多くの人が、この小さな石像に手を合わせ、涙したことでしょうか。激甚エリアの輪島朝市の周辺。ひび割れ、焼け焦げた塀の上にぽつんと立っています。卵のように丸い顔も、身にまとう衣も、その指先も、すすで汚れているから、それでも穏やかな表情で目を閉じているから、余計つらいです。まぶたの奥。美しい能登の未来が映っていることを願ってやみません。

8日（木）

「赤い毛糸のあやとりみたいな橋や」

暴れる炎にあらがえず、燃え尽きた輪島朝市の周辺。がれきの向こうに赤い橋が見えました。警察の規制線で近づけません。でも望遠レンズに映ります。いろは橋です。連続テレビ小説「まれ」に何度も登場。昨夏、主演の土屋太鳳さんが再訪したロケ地です。「赤い毛糸のあやとりみたいな橋や」。待ち合わせした輪島の人がそう教えてくれたのを思い出します。地元住民も人気女優も、本紙記者も心寄せた輪島のシンボルは今、寂しげです。

9日（金）

月夜も響かぬ腹鼓

タヌキ＝他抜き。「他人より抜きんでる」という縁起物です。焼け野原となった輪島朝市の周辺。がれきに埋もれた置物と、ふと目が合いました。冷静さと大胆さを示す大きなおなかは焦げています。思わぬ災害から身を守ることを意味する笠《かさ》をちゃんとかぶっているのに、顔や手足などあちこち傷ついています。少し開いた口が助けを求めているように見えてなりません。降り続く雨のせいでしょうか。再び合わせた目は潤んでいました。

10日（土）

朝市のジャリ音

にぎにぎしい雰囲気が思い出せません。地震で崩され、火災でとどめを刺された輪島朝市。物々交換の時代から続き「輪島の朝市がくしゃみすると七尾の和倉温泉が風邪をひく」と言われた名所が見るに堪えません。あまりに静かで、粉々のガラスが靴の裏でジャリッと擦れる音がやけに大きいです。あちこちに残るプロパンガスボンベに畏怖します。あの日、この通りで、過去に類を見ない大爆発が起きたのです。くしゃみではないのです。

11日（日）

「地震は獣のように残酷」

タイヤが溶け、エンジンむき出し。屋根は飛び、焼け焦げています。丸5日で約300棟を燃やした輪島朝市の周辺には何台もの車が残ります。ふと、かつて見た報道写真を思い出します。ウクライナ激戦地で撮られた数々の車。現地メディアの特集記事です。弾痕の有無を除けば、車が容赦なく壊され置き去りにされた光景は見分けつきません。記事はこう結ばれています。「戦争は獣のように残酷だ」。今、戦争を「地震」に置き換えています。

12日（月）

13日（火）休刊日

ご当地のふた

通りの真ん中。液状化で飛び出たマンホールです。地震から40日余り。今なお珍しい光景ではありません。輪島市街地で見たそれは子の背丈ほど。先日撤去されました。茶色い鉄のふたは輪島の漆器や御陣乗太鼓の絵柄でした。郷土愛を感じるふたでした。一秒でも早く凹凸がならされ、道が開けること心から祈ります。が、少し複雑です。伝統や風土が消えていくような、画一的な無地の路面が味気ないような、うれし悲しい思いが巡ります。

14日（水）

「手握ることしかできんかった」

たれた電線をくぐり、折れた電柱をまたいで進みます。家々は崩れ、屋根を地につけたまま。下敷きの車は1ミリも動かせません。壊れた輪島市を歩き、あらためて思います。元日の夕、人々はどんな思いでこの通りを走ったのか。「あの時、娘が過呼吸になった。手握ることしかできんかった」との声を聞きました。子も親も強いストレスにさらされました。身近な人の助けが必要です。でもその手を握ってくれる人を失った被災者もいるのです。

15日（木）

割れた窓

水平線よりもずっと先で燃え、放たれた強い光。海を越え、巨岩の小さな穴を通り抜けると一層きらめきます。誰が名付けたか、輪島市の曽々木海岸にある「窓岩」。直径約2メートル。荒波が削り出した奇跡です。沈む夕日がすっぽり重なる瞬間もまた奇跡です。この絶景をとらえた写真付き観光案内板が目に入りました。能登を襲った地震はオレンジ色に輝く奇跡を消し去りました。もう二度と見られません。写真で思い出すしかありません。

16日（金）

根元から

心を落ち着けて見上げます。本当に信じ難いです。何度見ても、おののく現実です。7階建てビルが横倒しに。崩れたというか、折れています。大木にくわを入れ、根こそぎ掘り起こしたよう。建物1〜4階の一部は、沼地に沈むかのように埋もれています。震度7。マグニチュード7・6。この地で起きる確率は「千年から数千年に1度」とみる研究者がいます。能登は今、混乱と動揺の渦中です。誰一人として経験したことがないのです。

17日（土）

太鼓や笛の音、再び

冬の晴れ間。薄い雲。どことなく寂しさ感じるのは夕暮れ時だからです。が、それだけではありません。周辺の家々が崩れ、人々が離れ、孤独感が半端ないからです。輪島市街地。能登が誇る日本遺産「キリコ祭り」をPRする街灯を撮っただけなのに、その無事をカメラに残しておきたかっただけなのに、写真を見て物憂げになります。日が落ちた後、再び歩きました。真っ暗闇にぽつんと灯るキリコ。より寂しく、孤独な気持ちになりました。

18日（日）

「ぱーっと洗濯できたら気持ちいいがに」

立春が過ぎたのに、昨年より早く春一番が吹いたのに、しんみりします。頭の片隅に、心の奥底に地震があるのです。「ぱーっと洗濯できたらね、気持ちいいがにね」。青空広がった18日、知人からの電話です。「水ないからね、コインランドリーは乾燥だけ動いとる。でも川で洗濯しとる人もおるし、助かる。避難所やと干すのも難儀やから」。被災地では今なお2万7千戸が断水中。暦の上ではない春を待つ身近な人たちを思うたび、しんみりします。

19日（月）

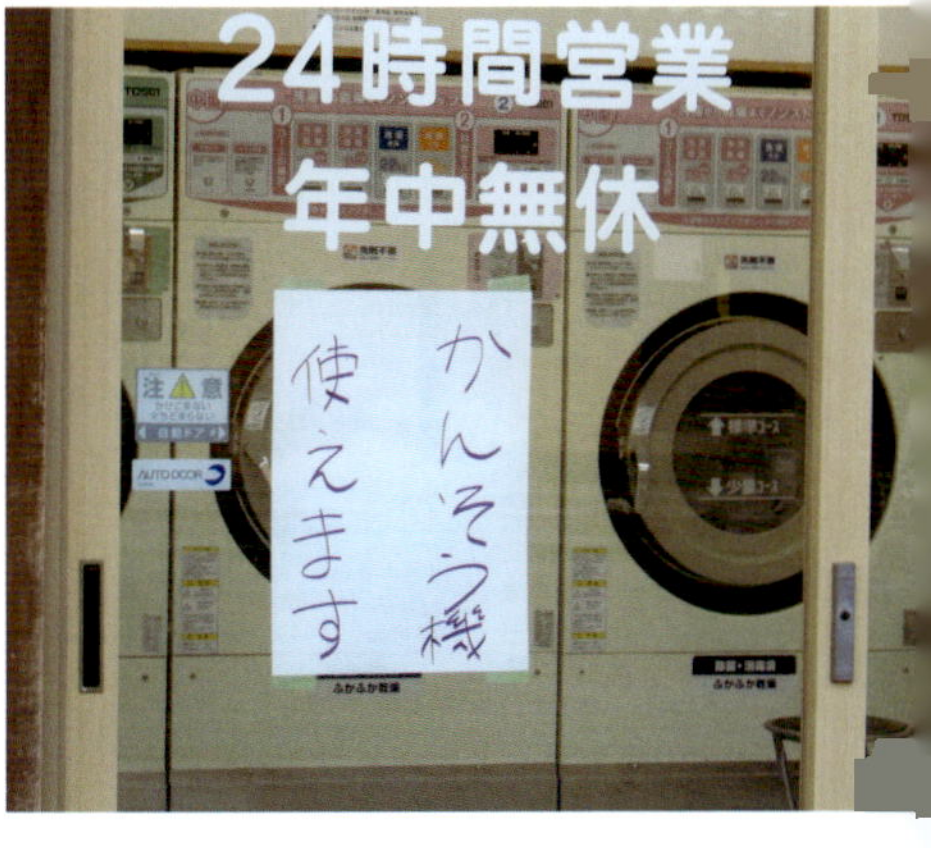

ゴーヤーの苦み

能登の今を、ありのままを伝えようとペンを握ります。が、思わずたじろぎました。あるはずの建物がないのです。倒壊ビルの下敷きになった輪島市の飲食店「わじまんま」。昨秋、同僚5人で訪ねた店です。「輪島だけど自慢は沖縄料理や」。店主楠健二さんの照れ顔を覚えています。その2カ月半後。この場所で楠さんは妻と娘を亡くしました。見覚えある店名入りのTシャツに胸詰まります。そんな能登の今を、ありのままを伝え続けます。

20日（火）

名舟の誇りも―

その音は天にとどろきます。一心不乱に、何かに取りつかれたように打ち鳴らします。輪島市名舟町の御陣乗太鼓。400年以上も伝わる門外不出の郷土芸能です。おどろおどろしいリズムが響く中、真っ暗な暗闇に浮かぶ恐ろしい形相のお面。不気味な空気、大迫力に、幼い子は泣き出します。今、そのからくり人形が無残です。太鼓も、衣装も、バチを握っていたであろう両手も痛々しくて、あわれで、幼い子じゃなくても、泣き出しそうです。

21日（水）

日本の道100選

海沿い。真っ赤な夕日にため息が出ます。山沿い。素朴な原風景が胸にしみます。金沢と能登を結ぶ90キロの「のと里山海道」です。板チョコのように割れ、散らばるアスファルト。むき出しになり、宙に浮くガードレールの鉄柱。全線開通から40年超、無料化から10年超。過去に例がない事態です。工事の長期化は避けられません。半島の背骨が折られた思いです。心は折れぬよう、離れ離れにならぬよう、ただ願い、光を信じ、前に進みます。

22日（木）

ピカピカの1年生は…

立赤白帽で走り回る姿がありません。鉄棒にぶら下がる子も、ブランコを揺らす子もいません。被災地の、特に奥能登の学校が物々しいです。フェンス越し。穴水小（穴水町）の校庭に自衛隊車両が見えます。泥がついたドラム缶、非常用テント、仮設トイレ…。無邪気な笑い声を聞くことはできません。もうすぐ春なのに、入学式なのに、校庭に入れません。大きなランドセルを上手に背負えるよう、鏡を見ながら練習中の新1年生たちが、少し心配です。

23日（金）

地蔵の決意

慈悲を抱き、優しく目を閉じたお地蔵様。ふと近づき、まじまじと見つめます。その表情は、ほんのりとほほ笑むようにも、口を結んで涙こらえるようにも見えます。激しく揺れ、屋根が落ち、黒瓦が散らばった穴水町。それでも手足ばたつかせず、逃げ出さず、鎮座しています。地域の子を守る強い決意を示した赤いよだれかけを一度も外さず、雨にも雪にも耐え続けています。毎月24日は「地蔵の縁日」。あらためて感謝し、お参りする日です。

24日（土）

漆器職人に届け

どんなに知恵あっても、お金あっても、誰もまねできません。能登が誇る輪島塗。宮内庁が公開した天皇陛下64歳のご近影と一緒に映っています。両陛下の前に並ぶ懐紙箱。皇后さまが左手を添えられる場面あります。4分8秒の映像は後ろに飾った丸い盆のズームで終わります。陛下は被災地に「深く心を痛めている」。あらためて焼け野原になった現地を思います。道具を、希望を失った職人さんに「4分8秒」が届くこと、切に願っています。　25日（日）

混じり気のない祈り

どこまで純粋で、けなげなのか。能登で生きる人たちの情けに思わずほろりときました。「過去には感謝を　現在には信頼を　未来には希望を」。穴水町の誓運寺が掲げたドイツ人哲学者の格言です。何度も揺さぶられ、傷つけられているのに、恨まず、批判せず、むしろ感謝し、信頼し、希望を抱く。寺自体も傷み、赤紙（危険）なのに、です。そして、この言葉に手を合わせる人さえ、いるのです。能登で生きる1人として誇りに思います。

26日（月）

「誰も文句言わんとおるけどな」

大粒の涙が右、左の順にあふれました。マスクに添えた左手が震えています。昭和5年生まれ、七尾市の長部健一さん。「年寄りもみんな不安なんや。誰も文句言わんとおるけどな、能登を心配しとる。ほんとどうなるか。地震でつらい時、ニュースみたらロケット打ち上げ成功とか出とった。それも大事やけどなんでもっと能登を…。能登の若いもんやら子どもやらを何とか、何とかしてやってほしいだけなんに、なんでもっと能登のことを…」

27日（火）

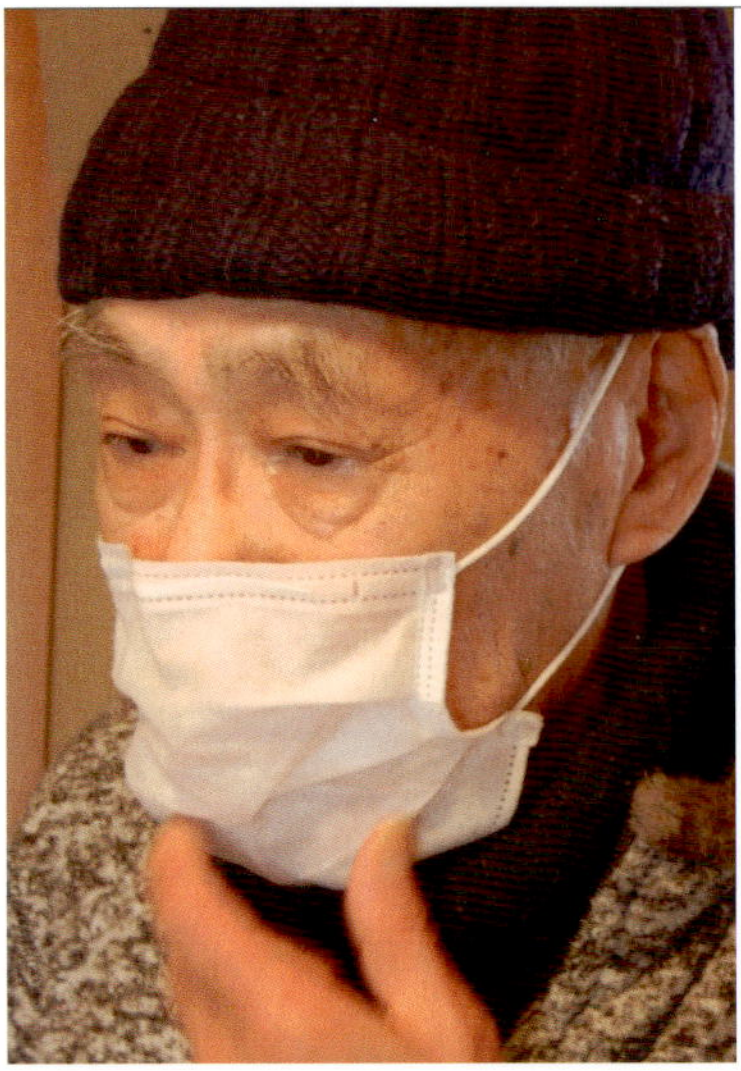

「船は家であり命」

「もしも自分に万一があっても何の悔いもない」。長く新聞記者をしています。が、そう語り始めた唯一の女性です。危険を顧みず、各国で漁業者の人権保護を訴えるタイの活動家パティマさん。昨秋、バンコク郊外で初めて会い、圧倒的な目力に心打たれました。年が明け、地震が起き、能登で再会。転覆した船の前で言いました。「船は漁業者の家。命そのもの」。後ろに束ねた黒髪に触れた後、唇に手を添えた時の目は一転、弱く、寂しげでした。

28日（水）

Noto「Sao…」

はかなげな、すっと消え入るような響きです。「サオ」。来日したタイの人権活動家パティマさんと被災地を歩き、気付きました。何度も出てくるのです。通訳に、その意を聞くと「悲しい」。まもなく2カ月。雪や雨にさらされる

がれきを見るたび、家を失った人々の声を聞くたび、絞り出します。足を止め、目を閉じ、手を合わせて祈ります。身をかがめ、頭を下げて「コープクンカー」＝ありがとう。そして少し力なく「サオ…」。耳から離れません。

29日（木）

◎半島記者の追想　2月

「一緒に住んで書いとる」

喉の奥に刺さったトゲに気付いたのはこの頃です。被災して1カ月余り。ようやく水が出たタイミングです。あんなにも焦がれていたのに、両手からこぼれる水を見て浮かんだのは「よかった」ではなく「申し訳ない」。奥能登はほぼ全域、七尾支局の周辺でも断水が続いていました。いち抜けたになるのではないか、裏切り者ではないか、と思ったのです。「本日の給水時間は—」。防災無線が聞こえるたび、心臓をつかまれます。冬空の下、空っぽの容器を抱えて並ぶ人たちの気持ち痛いほど分かります。だから後ろめたくて、でもどうしようもなくて、もやもやしました。初めての感情です。17年前の能登半島地震、東日本大震災の現場にも入っています。水も電気もない中で取材していいます。その惨状を、その色や形を、埋もれた声を伝えようとペンを握っています。食べられなかったり、眠れなかったり。でもそれは「応援記者」。そこに住んでいないのです。今、決定的に違うのは能登で暮らしている事実です。忘れられない場面があります。避難所の男性と2人、テレビの前。白い机に新聞があります。広げた「能登版」には小欄です。「テレビ見とればな、どこがひどいことになっとるかよう分かる。マイク持った人が上手にしゃべるよ。でもなんか耳に入ってこん時ある。マイクの人は2日か3日か1週間したらうち帰るやろ。余震ないとこで戸を閉めて寝るやろ。こっち来て見えるとこだけ見て帰ってくと思ってしまう。でもこの小さい記事はちょっと違う。水出んとかトイレ使えんとか、ここに住んで書いとるやろ。だから読んだ時、そうそうって思う」。トゲの痛みが少し癒えます。裏切り者じゃないです。書き続けると決めた瞬間です。

2024年3月

【 縁結びの鐘 】

恋の伝説が残る恋路海岸（能登町）と見附島とを結ぶ約3.5kmの海岸線は「えんむすびーち」と呼ばれる。海岸には「縁結びの鐘」があり、かつてはカップルたちが仲良くひもを引き、幸せを願う鐘の音が響いていた。

©石川県観光連盟

「がんばろぉ、のとぉ」

ふっと心和みます。たとえ不安だらけでも笑みこぼれます。銀糸が光る小さなゾウ。タイの人権活動家パティマさんが能登を思い、母国からたくさん持ってきました。20年前のスマトラ沖地震では少女を背に乗せ、津波から守ったと伝わる平和の象徴。同じく津波に襲われた能登町を訪れ、家も車も、思い出も流された被災男性にそっと渡しました。はにかみながら「がんばろぉ、のとぉ」。移動のバスで何度も練習した日本語で伝えました。あの日から2カ月―。

1日（金）

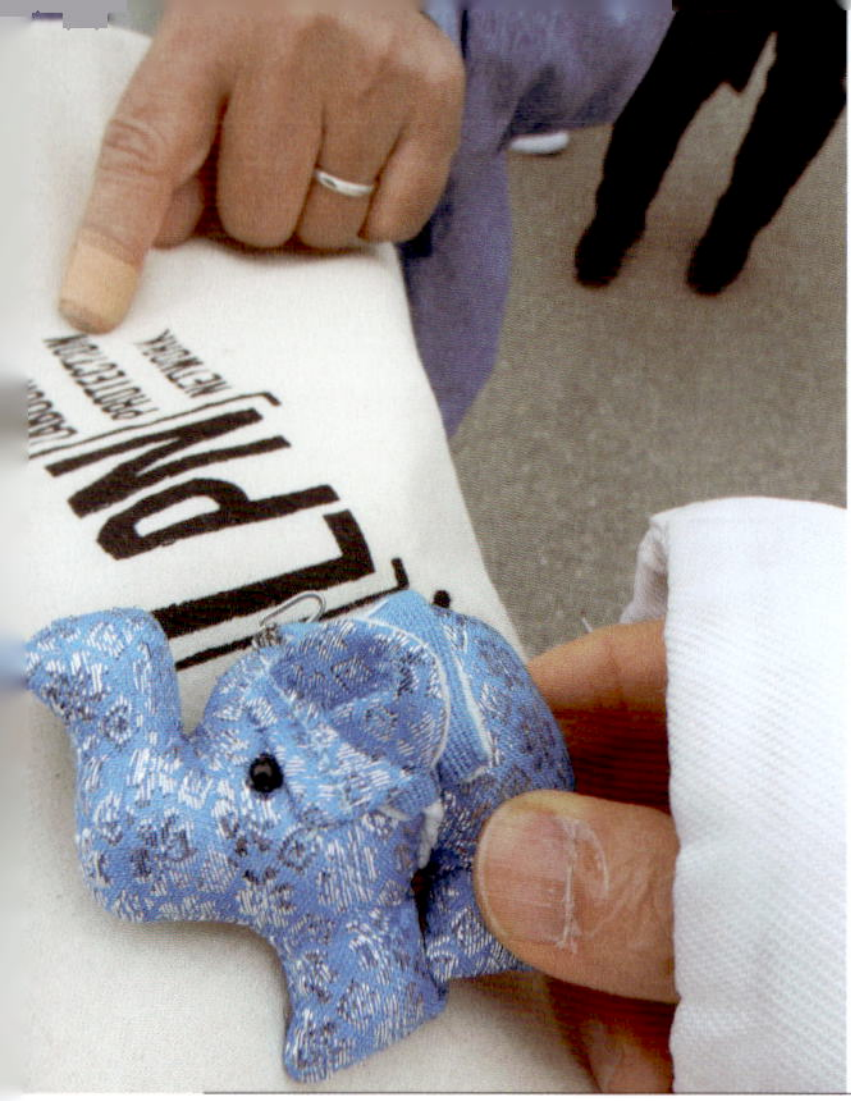

「よそういじょうです…」

いったい何が起きたのか。あの日、今か今かと現場からの報告を待ちました。「ほうりゅうだめです。もうほんとぜんぶです…」。珠洲市宝立町。続く余震、道路寸断のため、本紙記者がその「壊滅的な町」に入ったのは地震発生の翌日でした。スマホを耳に当てたまま立ち尽くす姿が目に浮かびました。あの電話を受けてから、ちょうど2カ月。市内では100人超が亡くなり、ほぼ全域で断水が続きます。家屋倒壊の全容は、なお見えません。

2日（土）

変わり果てて

大きな波をかぶり、打ち上げられた傷だらけの漁船。その向こうに弱々しく、生気なく立っています。珠洲市自慢の見附島。昨年5月の震度6強で崩れ、でも何とか踏ん張りました。が、今回は耐えられず、小さく小さくなりました。「軍艦島」とも呼ばれ、今にも迫ってくるような、寄せる波を裂くようなシャープさはもうありません。丸みを帯び、両脇に大量の土砂を抱えた姿は自信なさげで、助けを求めているようで、見るのもつらいです。

3日（日）

壊れた恋人の聖地

ぐるっと水平線。はるか遠くに北アルプスが浮かび、夜は満天の星。そんな最果ての地で鐘を鳴らし、幸せを誓うー。珠洲市の見附島を望む海岸「えんむすびーち」。世界最大の旅行口コミサイトで特別認証を受けたパワースポットです。が、モニュメント壊れました。陥没し、傾き、ハート形のステップに立てません。鐘に手が伸ばせません。いつの日かモニュメントは直せます。でも視線の先、見附島は元通りになりません。もう二度と。

4日（月）

波にのまれた跡

波の音が近いです。耳を澄ませなくても海鳥の鳴き声に気づきます。珠洲市宝立町。穏やかな内浦を信じ、いっときもそばを離れず、海を抱いて暮らしてきた人々の日常が一変しました。2メートルとも3メートルとも言われる津波。強い流れに押され、隣近所がみな同じ方向を向いて止まっています。あの日、黒い波に追いかけられ、腰までつかりながら逃げ惑った人々がいるのです。潮の香りが包む静かな波の音。恨めしく、そして正直、怖くなりました。

5日（火）

一難去って…

のぞくか、のぞくまいか。動揺や失望が怖くてちゅうちょしました。覚悟して一歩、入りました。シャッター切りました。

珠洲市南部の鵜飼海岸。国定公園にあるトイレには津波の痕跡がくっきり残ります。深さ腰近く。足元は草木や泥でめちゃくちゃです。が、そんなの関係ない人がいます。便器には大や小が追加されています。恥じらいなく、道徳心なく、用を足した人がいるのです。動揺し、失望し、そこだけはシャッター切れませんでした。

6日（水）

しがみつくトラック

海の、陸の乗り物が、雑に、壊れたおもちゃのように転がっていました。津波にのまれ、もまれ、乱された珠洲市の鵜飼漁港。漁船は傾き、泥だらけの地面に食い込んでいるように見えます。大きなトラックは一体どこから来たのでしょう。前輪を浮かせ、後輪を海へと投げだし、それでも絶対に落ちるまいとしがみついているように見えます。日常生活で目にすることのない異様な世界。あの日から、能登の時間はピタリ止まっているのです。

7日（木）

能登に満開を

卒業を迎える中学生が歌う「手紙～拝啓十五の君へ～」。サビで問います。負けそうで、泣きそうで、消えてしまいそうな時、誰の言葉を信じて歩けばいいのかーと。曲は流れ、2回目のサビで、自分を信じて歩けばいいんだよーと導きます。公立高入試が終わりました。家を失い、大切な誰かを亡くし、親元を離れて集団避難し、それでも机に向かった生徒たちがいます。そんな一途な頑張りを知った大人たちは心打たれ、負けそうで、泣きそうです。

8日（金）

「船はわが子や」

冬の日本海。カニ漁に密着したことあります。船の上。漁師はお世辞にも愛想良いと言えません。口数少ないです。が、短く語りました。「ワシら船で生きとる。わが子みたいなもんやのぉ船はわが子や」。揺れながらメモしました。「わが子」と2回メモしました。海の男の情けを知りました。今、能登の船を見るのがきついです。津波をかぶり、岸壁に上がり、宙に浮いています。漁師たちは泣きじゃくるわが子を助けることさえ、できないのです。

9日（土）

2カ月前の あの日の爪痕

べたなぎ。鏡のような海広がる珠洲市の鵜飼漁港。ひっくり返った船が赤い腹をさらします。あの日、大きな波にあおられ、もがき、力尽きたのです。漁師たるもの、みな船を自慢します。先祖代々という言葉が誇りです。時に父親や息子の漢字を重ねて船名にします。船内の神棚に手を合わせ、沖に出ます。能登の漁師たちはどんな思いで「赤い腹」を見つめているのでしょう。視線の先には崩壊した見附島。かける言葉が見つかりません。

10日（日）

3・11で同じ空を見た

屋根に手が届くほど建物低いです。すれ違う人いません。空広いな、孤独感半端ないなと思いながら珠洲市内を歩きました。あの日も同じこと感じたなと思い出します。東日本大震災の後です。ペンとカメラを持ち、同じような光景を見て、同じような感情を抱き、福島県内の被災地を歩きました。能登で奪われた命の数は東北のそれとは比べものにならないかもしれません。でも、空の広さ、悲しみの深さは全く同じ。あらためてそう思います。

11日（月）

「賛成とか反対とか言わん。ただ…」

ほんの一瞬、でも間違いなく日本は静まりました。11日午後2時46分。東日本大震災の犠牲者を弔い、黙とう。志賀町の住まいが崩れた男性も身を寄せる知人宅で目を閉じました。大阪生まれ、76歳。四半世紀前に能登の海を知り、魅力にとりつかれ、退職後に移住。83センチのマダイを釣り上げたのが自慢です。「原発に賛成とか反対とか言わん。ただ一つ放射能漏れたら終わりやった。能登全滅やった」。丸13年たち、今なお彼の地では約3万人が避難しています。

12日（火）

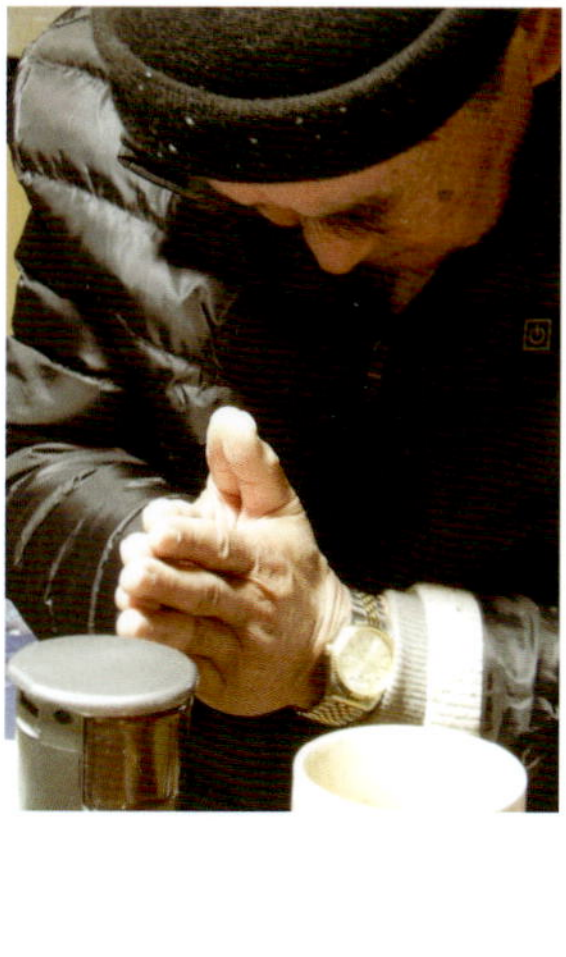

「甘えたい」

物心ついてからネコに好かれた経験ないです。小さく穏やかな声で、急に動いたりしない人…に懐くそうです。その条件に当てはまらないようです。が一転、この日は寄ってきました。しかも2匹並んで駆け足です。津波に襲われた珠洲市の鵜飼漁港。腹ぺこなのでしょうか。あるじ不在でしょうか。しっぽをピンとするのは「甘えたい」の表現です。被災したのは人間だけじゃないです。こんなに切ないにゃあにゃあを聞いたのは、物心ついてから初めてです。

13日（水）

「私たちは一人ではありません」

左胸にピンクの花。15歳、最後の制服姿です。「私たちは一人ではありません」。珠洲市宝立小中学校。卒業生代表の言葉です。被災者なのに、道路は割れ、家々は崩れ、流され、学びやは避難所になっているのに、純粋な響きです。

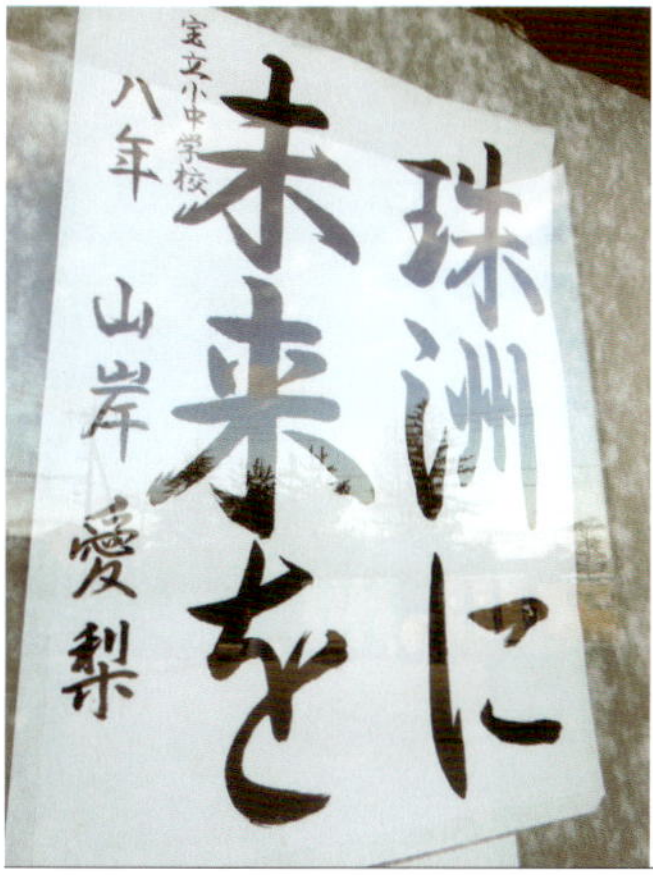

その玄関に掲げた書も目を引きます。校長によると地震より前の作品です。能登の子どもたちに「未来」を約束してあげたい。簡単ではないです。でも諦めるわけにはいきません。千の倉より子は宝なのです。

14日（木）

「あの川がガーッて逆流するがを見た」

たんす、畳、ふすま、冷蔵庫、玄関ドア…。道路脇のブロックを突き破り、川に落ちています。曲がりくねった緩い流れをせき止めています。能登町白丸。津波は電柱をなぎ倒し、家々をめちゃくちゃにしました。川沿いの60代男性が指さします。「あの川がガーッて逆流するがを見た。大蛇というか、でかい竜がくねくねっと追いかけてくる感じやった」。元日。海から来た「生き物」は暴れ、人々を蹴散らし、集落を丸ごと飲み込んだのです。

15日（金）

寄せては返す力の痕

浴槽を思い浮かべ、イメージします。水面をフーッと吹いたのが「波浪」。底につけた手をガバッと引き上げてできるのが「津波」。表面的でなく全ての海水が動くから危険なのです。その波をもろにかぶった能登町白丸。三角屋根の小屋が20メートル、いや30メートル先に流されていました。空き地を越え、道路を渡り、堤防に引っ掛かり、今にも落ちそうです。苛烈な引き潮は高さ30センチで立っていられません。50センチで車を、1メートルで木造家屋を、海へと引きずり込みます。

16日（土）

新幹線延伸への複雑な思い

垂れた電線がクモの巣のようです。家々は崩れ、玄関先の車に覆いかぶさったまま。がれきのにおいがします。珠洲市を歩くと時が止まったように感じます。が、われに返ります。16日に北陸新幹線が延伸し、国の観光支援策もスタート。それらが風評被害を拭うことにつながると信じています。なのに経済効果を試算するニュースに戸惑います。能登に目を向ける人が減るような気がして、被災者が置いてけぼりになるような気がして、まごまごします。

17日（日）

18日（月）休刊日

半島にありふれる光景

パンダです。ついさっきまで誰かに抱かれていたような、子ども部屋の真ん中にいたような、いたいけなパンダです。能登町白丸の海沿いで見つけました。津波の跡。山積みのがれきのすぐ近く。お尻を砂に埋め、曲がった鉄パイプを枕にして、じっと海を見つめているように見えます。ザザーッと砂浜に届く波音を聞いているように見えます。持ち主の迎えを待っているようにも、見えます。今、能登半島のあちこちに、こんな光景があります。

19日（火）

春分の日のもやもや

何だかもやっとしてます。雪が解け、陽光が優しく、サクラが話題になるうららかな季節なのに、です。取材先の学校で「卒業おめでとう」の文字を見ても、北陸新幹線が延伸開業しても、県勢2校が挑む選抜高校野球が開幕しても、もやっとしてます。「暑さ寒さも彼岸まで」。どんな困難もつらさも、やがて終わる。必ず乗り越えることができる。だから諦めずに―。慣用句に込められた意味を避難所の人たちに、能登の人たちに、届けたい思いです。

20日（水）

「ここに家あって…」

あまりにおぞましく、唾をのみました。「ここに家あって…」。そう説明されても、みじんも想像できません。地震で壊され、津波で流され、火災で焼かれた能登町白丸。間を置いて家主が続けます。「23（歳）の時に建てて38年住んだ家やった。あそこ風呂。もう何も残ってないけど」。ただ砂まみれの黒瓦が散らばるだけで、押し流された丸焦げの車3台が遠くに見えるだけで、本当に何もないです。傷口に塩を塗られた痛み、考えが及びません。

21日（木）

「はるになると」

その物語はほんの一部だけ読めます。燃えた民家の庭にあります。地震と津波と火災があった能登町白丸。題名も作者も、絵本か教科書かも分かりません。「はるになるとまみちゃんのにわは　たんぽぽでいっぱいに」「おかあさん　うちのにわは　せかいいちすてきね」。この場所で、このページが開き、それを見つける偶然。「まみちゃんはまえよりも　はるがすきに」。読めるのはここまで。まみちゃんに春が来てほしいと思いました。

22日（金）

全てに傷

砂地に海を背に、こちら向きで木の椅子があります。少し日に焼けた朱色のクッションはつるつるです。が、よく見ると背もたれや脚に引きずったような傷あります。ダイニングテーブルや花柄の電気ポットなど、周りにあるもの全てに同じような傷あります。びりびりの障子戸にビニールハウスの曲がった骨組みが絡まっています。津波に乱された能登町白丸。美景の海岸が自慢だった地元の人たちの心にも、深い傷があります。

23日（土）

今を伝えられない

まるでミサイルが貫通したかのようです。壁はごっそり抜け、ガラス窓は割れ、カーテンはめくれ、建物内は丸見えです。能登町の白丸郵便局。目の前が海です。津波にのまれたのです。「能登の里山里海」のPRシールを貼ったポスト。その投かん口は粘着テープでふさがれています。奥能登を中心に約100の郵便局で窓口業務が止まりました。なお半数近くが再開できていません。北陸中日新聞も、記事を届けられない地域があります。

24日（日）

17年前の光景

肩を寄せ合い、重なり合うように眠った被災者たちが避難所で朝を迎えた。「あったかいもん口に入れたら落ち着いた」―。この記事は17年前、輪島市で書きました。

2007年3月25日の能登半島地震。北陸本社報道部の記者として第1陣で現地入り。あるがままを伝えようと、ペンを握ったまま、座ったまま、おでこにガーゼを当てたお年寄りの隣で寝ました。余震のたびに漏れる悲鳴が耳に残ります。涙目でおにぎりをほおばる姿がまぶたに残ります。

25日（月）

町並み無残「地獄や」

能登半島沖地震

高齢者ら2500人避難

輪島市門前町 過疎の町 ぼう然

続く余震 募る不安

つめ跡 空からくっきり

またもや「地獄」

田んぼに通じる細い道。つぶれた自宅前でしゃがみ込む高齢女性に声を掛けたのを覚えています。「まるで地獄や」。17年前の3月25日、能登半島地震。輪島市門前町で聞いた70歳の言葉が翌26日朝刊の見出しになりました。「ちょっと来て」と呼び止められたことも覚えています。長靴姿の89歳女性です。独り暮らし。倒れたガスボンベを移動するのを手伝うと、胸の前で手を合わせ、頭下げました。群発地震の地です。新聞は再び、能登の苦しみを伝える日々です。

26日（火）

「あの時、僕たちも助けられた」

あまりに遠く、ゆかりなく、でも太くて大きな愛です。能登高に掲げられた色紙。700キロ以上離れた北海道厚真高からです。「少しずつでも前へ」「きっと大丈夫」。懸命に励ます厚真の生徒たちも、実は被災しています。6年前の胆振東部地震で最多の死傷者が出た地域です。「あの時、僕たちも全国の皆さんに助けられた」「心強かった」「一緒に乗り越えましょう」―。同じ被災者の言葉だから、すっと届きます。遠くても、真っすぐ心に届きます。

27日（水）

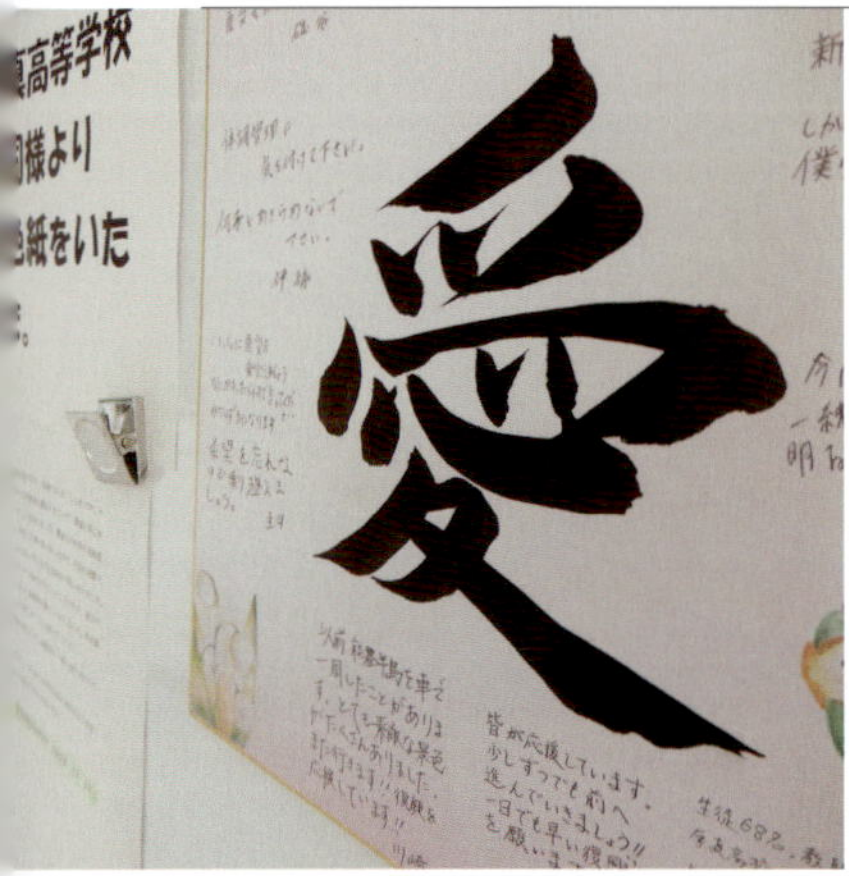

人気者の険しい顔

ほっぺたがすすで汚れています。こんなに険しい顔したキティちゃん初めて見ました。焼け野原となった輪島朝市の一角。切れた電線の下、倒れたガスボンベの前に座っていました。その10日後。同じ場所を両陛下がゆっくりと歩かれました。黙礼され、お顔を上げた視線の先。もしかしたらキティちゃんがいたかもしれません。ピンクのリボンは目立つから、お気づきになったかもしれません。険しい顔に心痛められたかもしれません。

28日（木）

数えるのが怖い

焼き物の釉薬《ゆうやく》がどろっと垂れるように水や土が流れ落ちています。亀裂が走るあぜは何とも頼りなく、丸みを帯び、メリハリないです。輪島市の名勝・白米千枚田。時節柄、しかも雨の日という条件を鑑みても、のっぺりです。たとえ雪化粧しても、くっきりと段々に浮かび上がっていたのに、です。「999枚。あとの1枚は蓑《みの》の下」—。古くからそう例えられるほど小さく繊細で、深く愛されてきた日本の原風景。今、何枚あるのか、数えるのが怖いです。

29日（金）

息苦しい道の駅

ギザギザに割れた分厚いアスファルト。ひざが埋まる深さです。輪島市の白米千枚田を望む駐車場。ハンマーでたたいたように真っ二つです。近くの道の駅は鍵が掛かり、ソフトクリームも民芸品も海藻も絵はがきも買えません。世界農業遺産「能登の里山里海」を象徴する場所なのに、行き交う人は消え、オーラは消え、魂を抜かれたような空気です。天皇陛下が皇太子の時に訪れた自慢の場所なのに、誇らしさは消え、息苦しい空気です。

30日（土）

小さな田を耕す心

地がゆがみ、多くの石碑が倒れ、割れ、心痛みます。が、気になっていた歌碑は無事でした。場所は輪島市の白米千枚田。戦前戦後の歌人土屋文明の一首が刻まれています。その意は「棚田を眺めると、そこに広がる田んぼ1枚はあまりに小さく、一杯の米も収穫できそうにない。それでも一途に、丁寧に耕し続ける能登の人たちの心を思う」。1枚1枚、すごく小さいけど、すごく大切なのです。80年余り前に詠まれた歌を今、あらためてかみしめます。

31日（日）

◎半島記者の追想　3月

どこまでやさしいのか

いてつく能登の冬。いつもより厳しい冬が終わりを迎えます。啓蟄（けいちつ）。大地が暖まり、虫たちが穴から顔を出し始める頃です。空が青く、日差しが注ぐ日、年配の女性が自宅の玄関先に出ていました。白と茶のタイルが割れています。窓枠がひし形になっています。ガラス片をせっせと掃いています。声を掛けると丁寧に応じてくれます。天井に届くほどの食器棚が倒れたこと、九州旅行で買った赤い花瓶が割れたこと、廊下の柱が曲がったこと…。

「おとろしかった」。そして続けます。「だけどひとつもけがせんかった。やし、けがした人の話を聞いてやって。つらい思いしとる。たくさん新聞に書いてやって」。被災地を歩き、誰かの近くに寄るたび、ここで暮らす人たちの純粋さ、思いやり、心の強さに触れます。己よりも他を思うのです。自宅が壊れていても「電気きとるし、なんとんない」。電気も水も届いていなくても「けがしとらんから、なんとんない」。けがが痛々しくても「命あるから、なんとんない」「家族みんな無事やったし、ありがたい」。ストレスを抱く日々なのに、より苦しい人たちをおもんぱかって「なんとんない」。断水と停電が長期化する中、給水車から運んだ水をカセットコンロで沸かし、コーヒーを入れてくれた人がいます。帰り際、壊れた木棚からミカンを取り出して「食べるもんあるか。持ってって」と気遣ってくれた人がいます。東京に雪が降った日。避難所でテレビを囲むお年寄りが口々に言います。「都会の人ら大変や。雪で転んどる。かわいそうに」。被災してなお、わが身よりも相手を思う。「能登はやさしや土までも」—。ずっとずっと昔から、この地には、こんな素朴な響きがあります。

2024年4月

【 能登さくら駅 】

能登さくら駅という愛称をもつ穴水町の能登鹿島駅（2022年撮影）。約100本のソメイヨシノが植えられ、桜の名所として知られている。のと鉄道は2024年4月に約3カ月ぶりに全線が再開した。

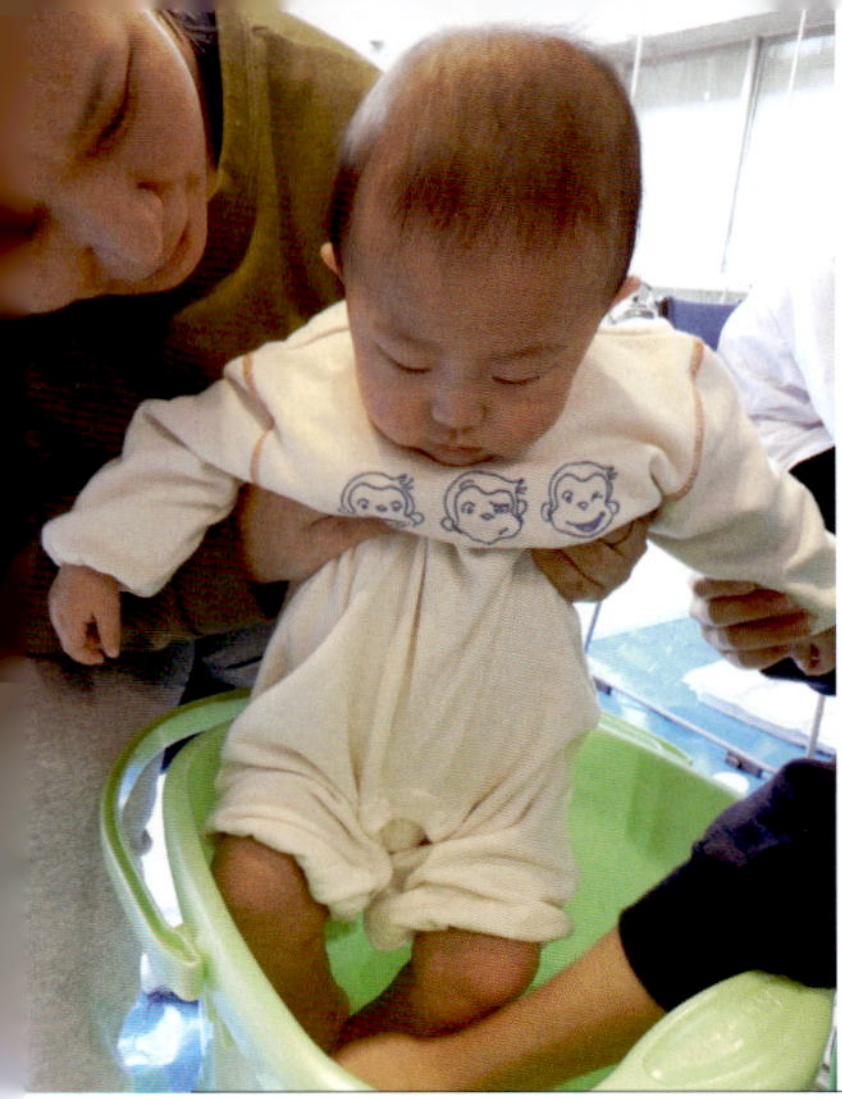

「お風呂入れんし、ほんと良かった」

初対面のスタッフに抱っこされ、足をバケツの湯へ。気持ちいいのか、泣くことなく、だらーっとよだれ垂らしました。みんなで笑いました。いてつく1月末、七尾市の避難所です。「自宅ずっと断水しとる。お風呂入れんし、ほんと良かった」。そう話す母親の目が潤んでいるように見えたから、動揺して名前聞けませんでした。でもノートには生後5カ月のメモ残ります。だから今、7カ月。お家に戻れたでしょうか。大きな湯船で抱かれているでしょうか。

1日（月）

「片付け終わるの怖いんやわ」

海へと続く細い道。誰が立てたか、がれきに力強い旗です。珠洲市の中心部。うれしくなって、前向きな言葉が聞きたくなって、近くの住宅を訪ねました。「そやね希望持たんなんね。でも何かね片付け終わるのちょっと怖いんやわ。気を紛らす作業なくなって、壊れた家でやることなくなって、暇になってしまうわ。ハハハ…」。77歳。独り暮らし女性。笑ってません。笑ったつもりの目が笑ってません。断水のまま丸3カ月、そして新年度へ。これが現実です。

2日（火）

「目立つ方がいいに決まっとる」

倒れないよう、これ以上は傾かないよう、ロープを巻かれ、力なく、潮風を浴びています。漁船の底はなぜ赤が多いのか。「目立つ方がいいに決まっとる。魚いっぱい寄ってくるんや」。漁師の言葉は本当か、冗談かは分かりません。ただ、かさかさに渇いた赤い塗料に触れ、だらんとぶら下がった漁具を見上げる表情は何とも寂しげでした。県内で被害を受けた漁船は230隻以上とも言われます。能登半島の漁業再生の道筋は見えてきません。　3日（水）

花より海外の地震

そわそわしています。春うららなのに、なんだか気ぜわしいです。3日朝、台湾で大地震です。「けが人が…」。ぐしゃっとなったビルの前で記者がうわずった声で伝えます。沖縄県には津波警報が出て住民が高台に避難です。遠い話と思えず、テレビに釘付けになっていたら、ふいにガタガタッときました。能登の穴水で震度3です。そして届いた本紙の夕刊。地震情報が気になります。季節感ある花見の話題があっても、頭に入ってきません。そわそわしています。

4日（木）

泥にめりこんで

ぐじゃぐじゃに絡まる漁師の網やロープ。その隣に横倒しの自動販売機です。津波がひいた珠洲市の鵜飼漁港。ここにあったのか、流れ着いたのか不明です。種類にもよりますが、一般的な重さは300～450キロ。盗難を防ぎ、自然災害に負けないよう、特に屋外の場合は頑丈に設置します。が、もしかしたら転がったのでしょうか。そこらじゅうへこみ、パネルには砂が詰まり、コーヒーとか炭酸とか商品が見えません。つばのみ込みます。

5日（金）

「お父さんのお墓見たい。つぶされてもいい」

天国は青い空の先にあると聞いたことあります。5日、七尾市の墓地で女性がお参りしていました。「夫の月命日なんです」。89歳。東京の次男宅にずっと避難していたといいます。「次男にはね、断水我慢するって言った。またグラッときてつぶされてもいいって思った。お父さんのお墓見ていたいと思った。やっとうちに帰してもろたんよ」。青い空に映える白や黄の菊、赤いカーネーション。一緒に手を合わせました。複雑な気持ちでした。

6日（土）

見られずに散る運命

口惜しく、歯がゆいです。桜の名所で知られる七尾市の小丸山城址《じょうし》公園。地震被害で立ち入り禁止、花見中止です。「ふんわり、いや、こんもりと咲き誇り…」。ちょうど1年前、着任してすぐ小欄で、こうつぶやきました。小高い丘に広がるピンクの帯に沿って歩き、七尾が好きになりました。能登に愛着抱きました。だから口惜しいのです。この坂を上った先、しみじみする景色があると知っているからこそ、歯がゆいのです。

7日（日）

終わらない元日

どこもかしこも泥で覆われているから、どこまでが道路で、住宅の敷地で、畑なのか境目が分かりません。津波の痕です。長靴を履き、珠洲市の飯田港周辺を歩きました。薄い緑の、細かな編み目の漁具がじゅうたんのように広がっています。鮮魚を運ぶ四角い大型コンテナがいくつもひっくり返っています。そして視野に入ったのは正月飾りや丸い寿司桶《おけ》。何カ月たっても、忘れたくても、思い出します。あの日は元日だったのです。

8日（月）

100日目

みゃーぉみゃーぉの強弱が海に、陸にこだまします。ウミネコ。珠洲市の飯田港にざっと何百、いや何千の群れです。その声は耳に絡みつき、隣の人と会話しにくいほど。白く丸まり、ずたずたに壊れた防波堤を埋めます。近づいたら一斉に羽ばたきました。海猫。餌の魚を追って海を飛ぶから、漁師は「漁場を教えてくれる」と古くから大切にしてきました。今春、海鳥たちは船底を空に向ける漁船の先っぽに飛び移り、羽を休めています。

9日（火）

子供が遊んだミニカーのごとく

まるでクレーンゲームでつり上げ、ガシャンと落としたかのよう。むごい仕打ちです。珠洲市の飯田港。道路をはう潮にのまれ、勢いに押され、見る見るうちに流され、電柱や街路樹に引っかかり、おもちゃのように積み重なった大小の車。バンパーは外れ、ライトは割れ、前や後ろのタイヤを宙に浮かせたまま不安定に止まっています。津波の爪痕を目の当たりにして、その威力をまざまざと見せつけられて、あらためて身がすくみます。

10日（水）

異様な壊れ方

さびているわけでも、朽ちているわけでもありません。この車、思わず二度見です。タイヤはあるけど屋根はない。色合い、光沢、壊れ方、どれも異様です。津波をかぶった珠洲市の飯田港。誤解を恐れず書きます。映画のセットか大道具か、あるいはオブジェのよう。ずっとここにあったとは思えません。流れてきたり、運んできたりしたとも思えません。とぽんとぽん…。緩い波が岸壁を打つ海をあらためて、息を止めてのぞきこみます。

11日（木）

「温かい給食ぎりぎり間に合った」

いたいけで、ほほ笑ましくて優しい気持ちになりました。新入学の1年生が初めて給食を囲むと聞き、訪ねました。11日、七尾市石崎小。大きめの制服の袖を気にしながら、大根のスープを口に運びます。隣で種谷多聞校長も見つめます。「温かい給食ほんとぎりぎり間に合った」。校舎は3月末まで断水、仮設トイレ。「給食」がおにぎり2個だった日々あります。何があっても、被災地であっても、子どもたちの食は守りたいなと思いました。

12日（金）

シートと空のブルー

探しに行かなくても、すぐそばにあります。能登ではたくさんの桜とあえます。鉄道の駅では愛称に、道の駅では正式名称に、日本酒では銘柄になります。学校には咲桜《さくら》さんがいます。金沢より少し遅れ、便りが届き始めました。こぼれ落ちるほどの花を抱き、澄んだ青空をバックに枝を広げた時、最も美しく、人々の心を癒やすといわれます。ブルーシートが家々を覆う今春。心軽やかになれない濃い青色が、すぐそばにあります。

13日（土）

「避難所で眠る夜のことわかるので」

無表情で無口。なのに愛らしさ半端なし。熊本県の営業部長くまモンを取材したことあります。５年前の冬、金沢の本社で名刺交換しました。ふと思い出して電話すると若い男性職員が出ました。「能登ずっと気になっています。避難所で眠る夜のこととか分かるので余計に。お互いさまで、くまモンたくさん義援金集めましたので…」。ここで少し言葉に詰まります。もらいそうになりました。その気持ちが何よりも、お金よりもうれしかったからです。

14日（日）

15日（月）休刊日

合言葉「逃げろ！」

もうめちゃくちゃ。ばりばりに割れた扉の向こう、暗く湿っぽいです。「初売り」の旗に寂しさ募ります。珠洲市飯田町の「シーサイド」。その名の通り、海沿いに立つ能登最北端ショッピングセンターです。新春セールのにぎわい一転、悪夢です。悲鳴です。「津波や、津波！」。子や孫の手を引き、みな高台へと走りました。福袋もおせちも駐車場の車も流されました。でも犠牲者が出なかったこと。今、苦しみを紛らわせるせめてもの慰めです。

16日（火）

泣きそうな鳴き声

斜め45度の角度。その高さ1メートル。4輪を浮かせた軽自動車が室外機を壊しています。津波で傷ついた珠洲市飯田町の大型店「シーサイド」。正面ゲートはひしゃげ、駐車場は波打ってべこべこで、裏手に回ると複数の車が店に突っ込んでいました。海までの距離、わずか数十メートル。群れになって空を舞うウミネコはまさに「海猫」で、親を呼ぶ、親を探す子猫のような鳴き声です。赤い自販機は海を背にして止まり、まるで耳をふさいでいるように見えました。

17日（水）

全部ごみじゃない

荒っぽく、ぞんざいに見えるかも知れません。が、ごみじゃないです。子どもの長靴、父親のシャツ、母親のパンプス…。どれも値札が付いています。もしかしたら、誰かのプレゼントになっていたかもしれない、ずっと大切にされていたかもしれない品々なのです。暴れる波にのまれた珠洲市飯田町の大型店「シーサイド」。流れ出した商品が1カ所に山積みです。あの日から3カ月余り。放置されたがれきも壊れた車も、ごみじゃないです。

18日（木）

「穀雨」に追い抜かれる

ひらひら舞います。能登で咲き、散る桜。道路の亀裂にもがれきの山にも花びらです。七尾市内の墓地。花の命は短くて、でも鮮やかで、はかなさ感じます。今年はより強く感じます。ドミノ倒しのように重なる墓石にも、足元で割れた「南無阿弥陀仏」にも、たくさんの丸いピンクがあります。二十四節気ではストーブをしまい、冬服を脱ぎ、春時雨にフジが咲き始める節目です。巡る季節に被災地が置いていかれている。そんな気がします。

19日（金）

みんながアンパンマン

見通し良い道路に冷蔵庫、洗濯機、本棚…。津波の後、津波の痕です。珠洲市の海沿いで壊れたアンパンマンと目が合いました。丸い顔を見て思い出します。誰かがおなかをすかせていたら顔を分け与えます。自分を犠牲にしてでも助けたい。やなせたかしさんいわく「この気持ちが本当の正義」です。あの日、お年寄りをおぶって高台に走った人がいます。避難所の炊き出しで順番を譲り合う光景があります。能登にアンパンマンは、います。

20日（土）

助けたいのに助けに行けない

最も身近で、どんな時もタフで心強いです。地域のリーダー、消防団。その歴史は江戸時代にさかのぼり、脈々と受け継がれています。が、珠洲市の飯田分団は建物がずたずたです。四方の壁がぶち抜かれ、ホースが散乱し、ヘルメットが転がっています。守りたいのに守れない、助けたいのに助けに行けない。あの日、団員たちも被災したのです。赤いランプの横につるされた正月飾り。金色の立派なまといが生気なく、弱々しく見えました。

21日（日）

津波の仕業

枯れ草をかき分けなくても目立ちます。落とし物ではないとすぐに分かります。おそらく、ほぼ間違いなく津波の仕業です。珠洲市の飯田港。絡まった漁具の上、古タイヤに挟まった1枚の写真。砂で汚れ、角がめくれ、少しふやけてますが「飯田分団」の文字が確認できます。撮影は14年前。消防車両を背にした総勢18人が、そろいの制帽、法被姿で胸を張っています。発見現場近くには何もかも流出し、がらんどうになった分団の建物があります。

22日（月）

33・1Kmの希望

だいぶ散りました。それでも見応えあります。夜、ぼんぼりの明かりに浮かぶ桜並木。強さ感じます。包まれるようです。先週末、のと鉄道・能登鹿島駅（穴水町）。足元を照らす花びらもまた、見応えあります。「さくら駅」は今春、約3カ月ぶりに全線で運行再開。出発式でのと鉄社長が声を詰まらせたのを思い出します。「地域に大きな意味を持つ。絆と強さ、未来への希望の象徴」。その言葉通り、薄桃色に宿る強さと希望をみました。

23日（火）

「ブルーシートが車窓から目について」

小さな無人駅。大正ロマン感じる駅舎が迎えます。のと鉄道の能登鹿島駅（穴水町）。机の上に自由帳です。2013年9月から6冊。「日記」は23年12月28日で止まります。3カ月後、のと鉄が動き出すと再開です。東京の乗客は「ブルーシートが車窓から目について痛ましい」。それでも「日本中が応援している」と励まします。他に「日本で一番好きな駅」「いつまでも大切にしたい場所」…。大勢が手をつなぎ、無人駅を囲んでくれています。

24日（水）

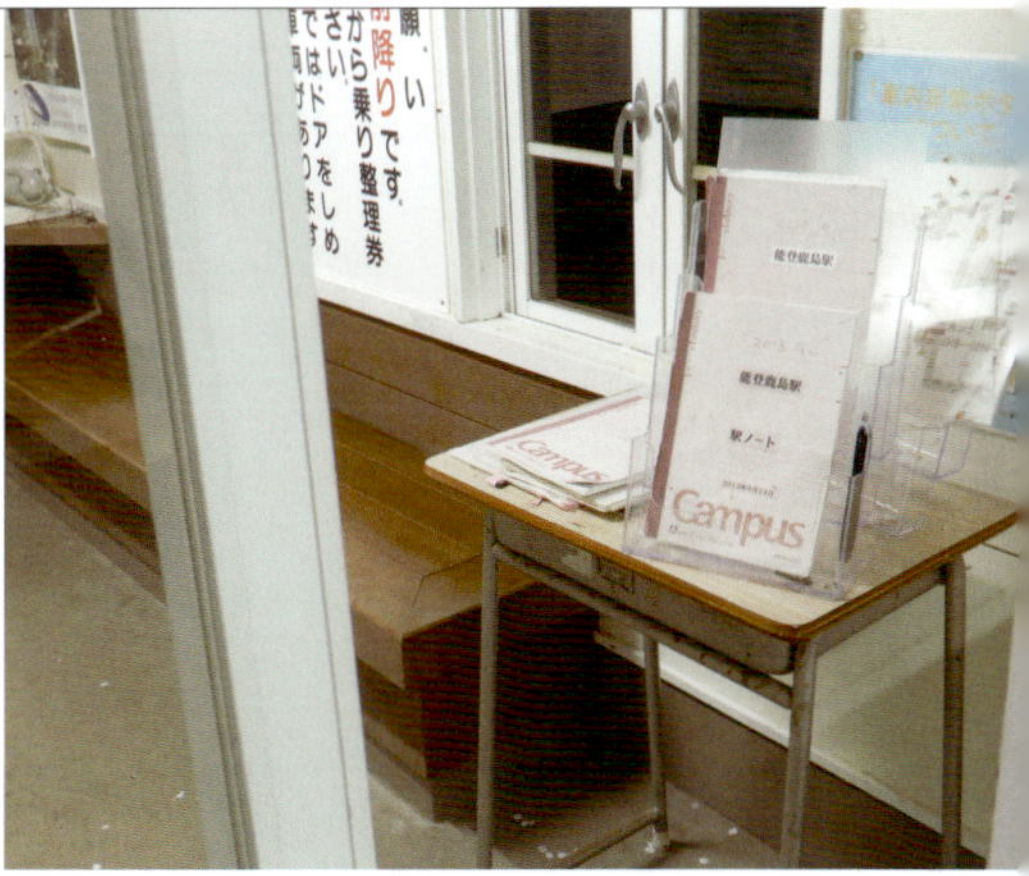

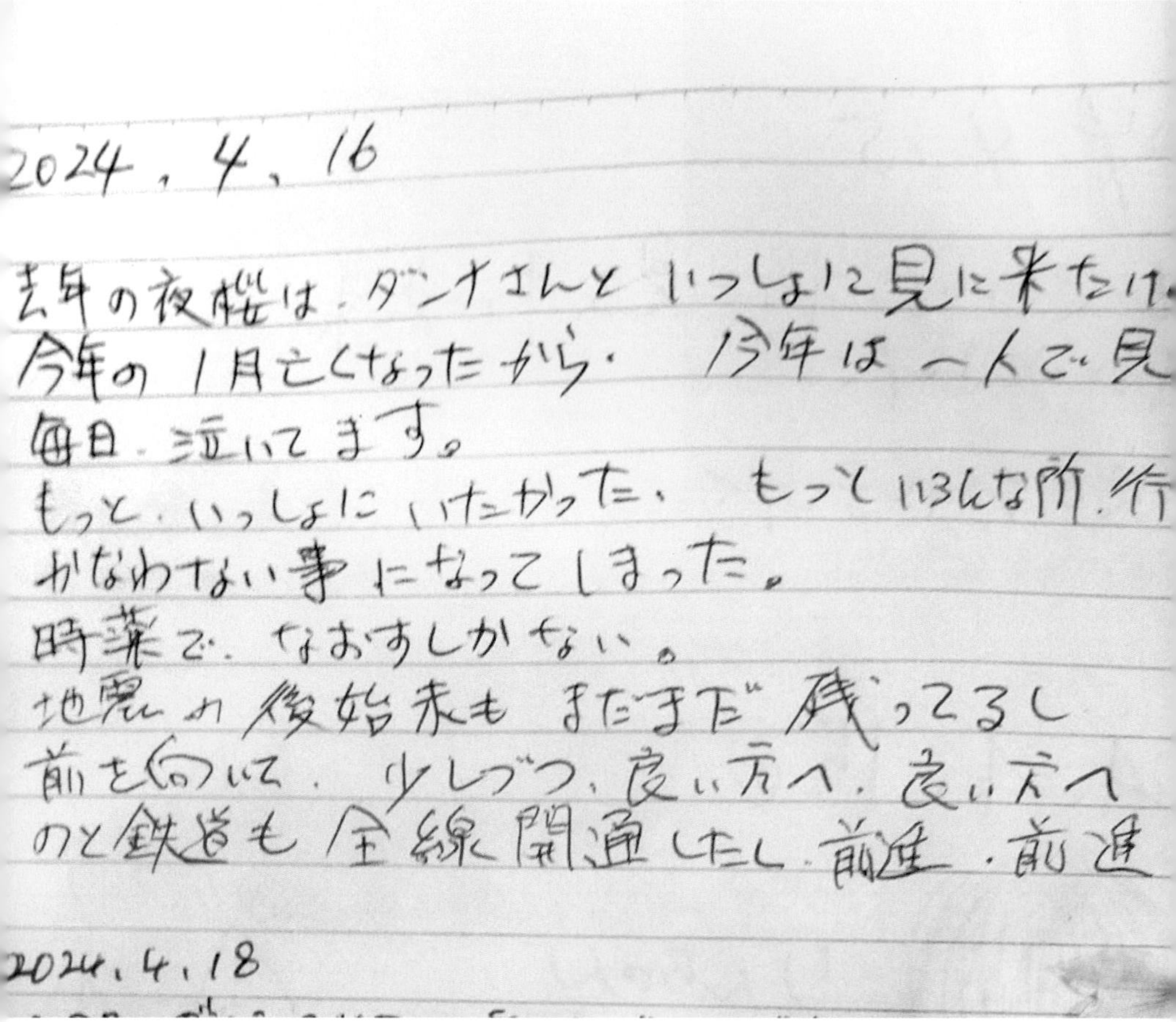
2024、4、16
去年の夜桜は、ダンナさんといっしょに見に来たけ
今年の1月亡くなったから、今年は一人で見
毎日、泣いてます。
もっと、いっしょにいたかった、もっといろんな所、行
かなわない事になってしまった。
時薬で、なおすしかない。
地震の後始末もまだまだ残ってるし
前を向いて、少しづつ、良い方へ、良い方へ
のと鉄道も全線開通したし、前進、前進
2024、4、18

「毎日泣いてます」

大切な人を奪ったのは地震でしょうか。もしかしたら、元日の揺れでしょうか。「毎日泣いてます」。のと鉄道・能登鹿島駅（穴水町）の駅舎にある自由帳。「もっといっしょにいたかった　もっといろんな所行きたかった」と嘆きます。被災して「後始末もまだまだ残ってる」。それでも、のと鉄の全線再開に触れて「前を向いて」「良い方へ」「前進、前進!!」。空元気でないと願います。まもなく4カ月。能登には「時薬」に頼る遺族がいます。

25日（木）

「見えないものを大切にしようね」

「見えるものよりも見えないものを大切にしようね。もしも困っている人がいたら、ずっと遠くても助けてあげようね」。園長先生の言葉を子どもたちは黙って、目をそらさず聴いていたといいます。みんなで似顔絵を描き、虹を架け、星をちりばめました。東京都内にあるキリスト教保育の幼稚園。園長は牧師です。能登には縁もゆかりもないけど「助けたい」。すべての人を照らす作品は志賀町役場に、公費解体の申請窓口近くにあります。

26日（金）

「自慢のカキが入ってこん」

右へ左へすっすっと。スマホ画面に右手人さし指を滑らせます。「みんな壊れてしもてな」。中日の元投手小松辰雄さんです。外れた扉、崩れた屋根瓦、粉々の食器…。どれも故郷・旧富来町（志賀町）の写真です。被災した親類からの報告です。能登の幸を並べる店を名古屋で営みます。でも「自慢のカキがね、入ってこん」。星稜高（金沢市）で、その名を知らしめ、強気のマウンドでプロ通算122勝。剛速球で強打者をねじ伏せたその指が、細くみえます。

27日（土）

「数多すぎて追いつかん」

丘の斜面は狭く、段差あり、凸凹。不安定でも、まるで青いクモが脚を広げたように踏ん張ります。七尾市内の墓地。道なき道に畳を敷き、クレーン車が入ります。「人間の力じゃ無理。動かん。びくともせん」。職人さんがぽんとたたいた割れた墓石は500キロ超。大がかり、かつ繊細な修理です。途方もない時間かかります。「奥能登にも行ってあげたい。けど数多すぎて追いつかん」。ばたばたと倒れた石を起こす職人さんも、被災者です。

28日（日）

受け継いできた赤

真っ赤です。濃く、深く、燃えるような、どくどくと体内を流れるような、文句なしの赤です。一番いい季節、大型連休に見頃を迎える「のとキリシマツツジ」。葉を覆い尽くすように密集し、その高級感に吸い込まれそうです。能登の人たちが大切に受け継ぎ、挿し木にして増やし、誇りにする理由が分かります。水を張った田んぼの脇を赤く染めます。神社や寺院の割れた敷地にも、主が不在となった庭先にも、春の訪れを告げています。

29日（月）

途絶えた道がある

凜《りん》とした立派な石像です。が、それよりもなによりも台座の言葉にしみじみします。志賀町の図書館前。最大震度7でも無傷でした。大地震などなかったかのように、眉ひとつ動かさず、目を閉じています。「親子の絆を見つめ直す一助に」。七尾法人会の女性部会がそう願いを込め、能登5市町に設置しました。わが子の手を取り、歩く。時々振り返って励ます。導く。それがかなわない親子がいます。もうすぐ「こどもの日」です。

30日（火）

「そりゃそうやろ」

◎半島記者の追想　4月

被災地に花便りです。日本海に突き出た能登にも、心和む季節です。半島の長さ、南北におよそ１００キロ。傷ついた地べたを、崩れた野山を、ピンクに染め上げていく桜前線を追い掛けようと、この春、北陸中日新聞は写真企画を展開しました。タイトルは「希望の桜～開花めぐり～」。知名度の高い低い、由緒のあるなし関係なし。整備された公園、細長い川沿い、田んぼの向こう、気になるスポットすべてが候補地です。能登に入った記者たちが桜並木を歩き、時にはドローンを飛ばし、満開に合わせて取材。各地をリレー形式で伝えていきます。新たな始まりとか、ぽかぽかを感じたくて、誰かの前向きな声が聞きたくて、自分も足を運びました。地震から、ちょうど１００日の頃です。「まわりの家つぶれとるよ。ほんでも春になりゃ咲くもんは咲く。そりゃそうやろ」。墓地に近い桜の名所にいた男性です。誰かを勇気づけるような、ポジティブで力強く、企画のタイトルにぴったりくるコメントを期待して声を掛けましたが、そっけないです。ノートを下げ、頭を下げ、その場を後にしようとした時、男性が続けます。「春になったらいつもここ来とる。なんべんも。ここだけな、この桜のとこだけ切り取って見たら、いつもと変わらん。でもちょっと視線ずらしたら屋根にブルーシートや。どこの公園行っても一枚も敷いてないがに屋根に何枚もや。そりゃそうやけど」。つぼみ膨らんでも、かれんに咲いても、胸のどこかに地震があることに気付きます。できることなら、ひらひら散らなければいいな、桜が満開のままならいいなと思ったのは初めてでした。「そりゃそうやろ」。白い帽子をかぶった男性の言葉、何だか忘れられません。

2024年5月

【 渡月橋 】

七尾市の和倉温泉の渡月橋。和倉温泉は加賀屋に代表される高級旅館がたちならぶ温泉街であるが、2024年11月時点で地震により多くの旅館は休業中。

ありがとうだらけの4カ月

有るに難しで「有り難い」。直訳すると「めったになくて貴重なこと」。それが進化して「ありがとう」。今、あらためて語源を思います。広い道や細い道、曲がり道、坂道…。「がんばろう」と同じくらい、それ以上に、この言葉を目にします。握った拳を力強く突き上げるより、手を合わせて頭を下げる。日々の支援を当たり前ではなく「珍しく尊いもの」として受け止める。それが能登の人たちなのです。皐月《さつき》。1年の3分の1が過ぎました。

1日（水）

「振り返ることが怖かった」

アジサイやミニバラ、ラベンダー…。神戸市から心和むカレンダーが届きました。草花を描く美術団体。みな阪神大震災の被災者です。傷ついた能登を思い、避難所や仮設住宅、そして地震報道を続ける本紙七尾支局に寄せたのです。29年の歳月を経てつづります。「震災後何年も、ひたすら前向きに、ひたすら歩き続けてきました。現実を見つめ、振り返ることが怖かったからです」。これが被災者の気持ちです。4カ月たった能登の気持ちです。

2日（木）

「私たちもそうだった」

同じ被災者だから説得力あります。神戸市の美術団体から七尾支局に届いたカレンダーに手作りの冊子が同封されていました。「家族や友人を亡くした方もいるに違いありません。私たちもそうだったのです」。そう紡いだのは阪神大震災の被災者たちです。仰々しい表現でなく、ただ素直に、それでも精いっぱい能登に寄り添います。冊子には四季を彩る花々の挿絵。薄紫のフジバカマが目立っています。花言葉は「あの日を思い出す」です。

3日（金）

消えたユネスコの遺産

神様の食事を青々とした柏《かしわ》の葉に盛り、供える。能登最大級の祭り、七尾市の「青柏祭」のいわれです。高さ12メートル、重さ20トンの曳山《ひきやま》を「でか山」と呼び、神々を迎え、それに群がり、掛け声も勇ましく、小路の角を曲がります。明治の頃、千戸余を焼く大火があっても巡行しました。復興の象徴に、という声あります。こんな時だからこそ、という声あります。が、中止です。大型連休を彩ってきた能登の景色が消えます。

4日（土）

上書きされた負の記憶

この先ずっと胸の奥に残ると思います。桁外れに規模が大きく、あまりに無慈悲な元日。それを経験した今、記憶が上書きされた感覚です。でも忘れません。昨年の「こどもの日」。珠洲市で震度6強がありました。当時の新聞を広げます。にぎわう行楽地、騒然「余震怖い」連休緊迫　穏やかな日常一変　進まぬ片付け「土砂崩れ心配」…。おどろおどろしい見出しに残酷な写真。痛めつけられ、大切な人を亡くす。一度ならず二度までも。

5日（日）

「いい日になりますように。」

本当にきれいです。手を伸ばすと届きそう―とか、吸い込まれる―とか、宝石箱を―とかいう表現が、大げさではないです。きざに聞こえません。それほど能登の星空はきれいです。「むりはしないで★」。七尾市の小学校に他県から届いた手紙が掲示されていました。「きれいな空を見るといいよ」と助言します。きれいな星空を導くのは人工的な光の少なさ。能登は今、前より光が少なくて、前より星がきれいです。釈然としない心持ちです。

6日（月）

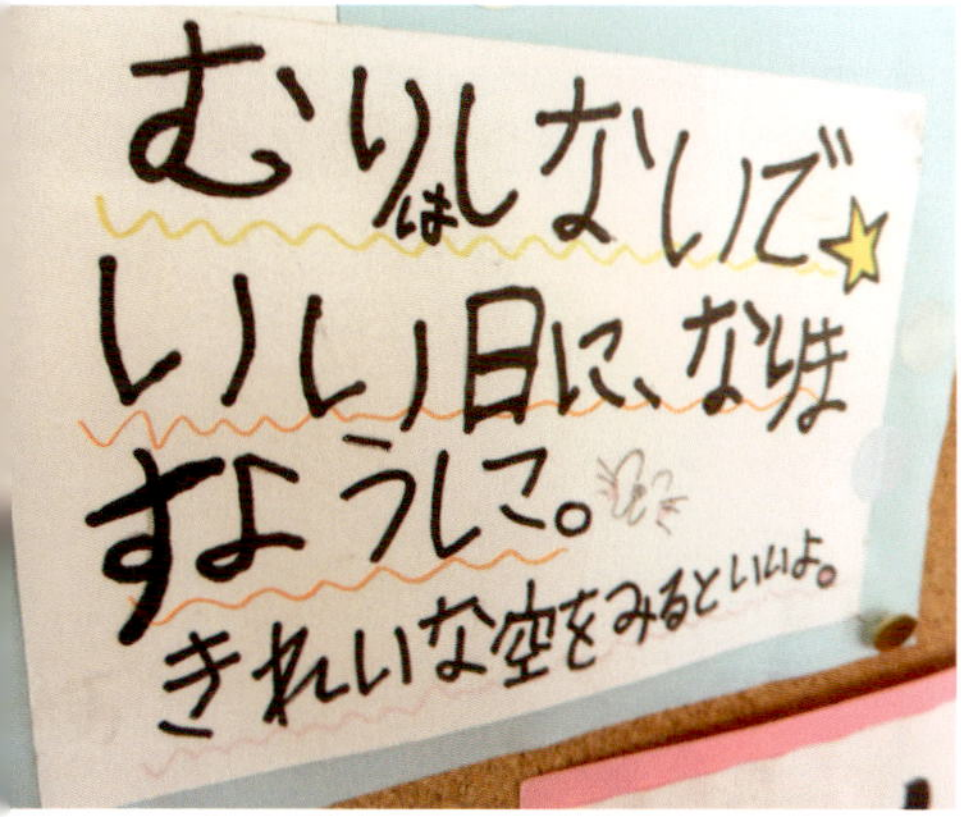

ぎこちない「まれぞら」

その旋律は、途切れ途切れでぎこちないです。能登が舞台の連続テレビ小説「まれ」の主題歌がうまく聞こえません。のと里山海道。路面に溝を刻んだメロディー区間があります。が、段差あり、S字ありで、かつての重低音が響きません。歌詞を口ずさめません。冒頭、さぁかけ出そうと鼓舞します。未来が遠く感じても1人で泣く夜があっても、必ずあたたかい未来があると励まします。今こそ被災者へ、1分1秒でも早く届けたい曲なのです。

7日（火）

当たり前を待ち続ける

鼓笛隊の先頭を歩くように、黄色い傘をかざして男児が帰っていきます。ツツジ彩る通学路。ランドセルが揺れるいつも通りの、当たり前の光景にほっとします。大型連休明けに顕著な「五月病」。能登の子どもたちが心配です。そわそわと正月を過ごし、混乱の冬を経て迎えた新学期。輪島市では学校給食の再開が5月1日でした。歴史に残る被災状況は分かっています。懸命の復旧作業に深く感謝です。でも正直言うと、じれったさあります。

8日（水）

海の底を歩く

不自然な白さ。その岩を長靴で踏むと砂糖細工を砕くような音がします。長さ1メートルの海藻がだらんと垂れ、渇いたウニが転がります。地震による海岸隆起で干し上がった輪島市の黒島漁港。異様な世界です。磯の香りに酔いそうです。元日まで海の底だったこと、この場に及んでなお信じられないです。陸地になった沿岸部は2市1町で80キロ超とも。数千年に1度の光景を目の当たりにして、大変なことが起きたんだとあらためて息をのみます。

9日（木）

無意味な「塀」を見上げる

そびえる壁。籠が何個もぶら下がっています。輪島市の黒島漁港。行き交う船も、あおる波も、何もない港の底から、船を寄せる岸壁や波を封じる防波堤を見上げます。不思議な感覚です。日本海の激浪なんか歯牙にもかけない極めて頑丈な、巨大なコンクリート塀を下から眺めます。ここは海だったのです。地震による地盤の隆起は最大4メートル超。国内の観測史上で最大規模です。目の前にへばりつく貝や藻に触れます。元日まで生きていたのです。10日（金）

船の出入口を見通す

しおれた海藻が絡まる岩の向こう。左右に見える2階建て住宅ほどの高いゲートの、そのもっと向こう。輪島市門前町に扇を広げたような穏やかなビーチが広がっています。寄せる波は静か、かつ透明度高く、砂はきめ細かいです。緩い左カーブを描く波打ち際。はだしで歩きたくなります。が、このビーチは地震で出現しました。つまり元日までは海の底。今、立っているのは港の底。視線の先にある重厚なゲートは船の出入り口なのです。

11日（土）

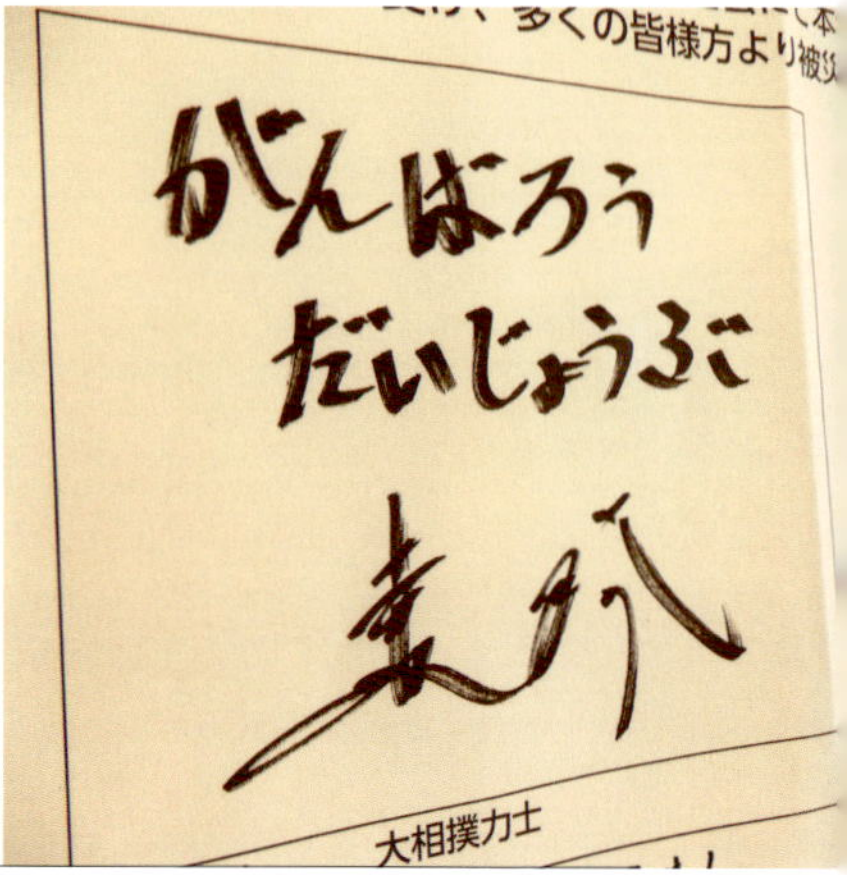

「がんばろう だいじょうぶ」

すごく怖い思いをして、いろんなことを我慢して、不安で、もしかしたら大切な誰かとの別れが、ずっと引っ掛かったままかもしれません。そんな被災した子どもたちへ、大相撲の遠藤関からメッセージです。七尾市の小学校にサインあります。両腕を広げて迎え入れるような、寄り添い、諭すようなエール。半島で生まれ育った力士です。原風景を知る一人です。土俵で歓声を浴びる時も、転がされて土がついた時も、心の奥に能登があるのです。

12日（日）

13日（月）休刊日

水深ゼロの世界

黄と黒のラインが入った車止め。虎柄は遠目にも目立ちます。ぴんぴん跳ねる魚を甲板に乗せ、沖から戻る漁師の目印です。地震でせり上がった輪島市の黒島漁港。四角く囲った港の真ん中から海を背に見渡します。山があり、麓に家があり、その前を道が通り、手前が港です。水深ゼロです。カメラをのぞくとブルーシートがいくつも見えます。ものすごい力で突き上げられた能登。どの角度を切り取っても、漁師が知る景色ではないのです。

14日（火）

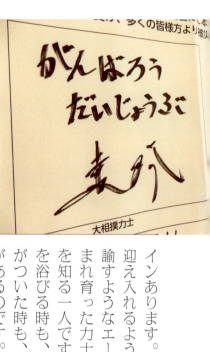

港の懐を感じる

大人になってからずっと高い所が得意ではないです。港がこんなに深いとは、防波堤がこんなに高いとは、柵がないのが、海水がないのが、こんなにおっかないとは知る由もなかったです。20世紀以降で最大級に隆起した輪島市の黒島漁港。のぞき込むと足すくみます。潮風に思わず踏ん張ります。目の前の180度に、青い海が、白い波が元日まであったのです。現実がすんなり入ってきません。地震のメカニズムを思い返してなお、首ひねります。

15日（水）

露出した「骨」

ひとときもやむことなく、寄せては返す波。歳月を重ね、土地を削ります。海岸線を浸食します。海に囲まれた日本。消波ブロックが守ります。向かってきた波のエネルギーを打ち消します。が、能登の各地で役目を果たせません。地震で海岸線が後退。波が届きません。放射状に伸びた脚。重さは一つ何十トン。その長さは何十キロにも及び、無数に積み重なっています。海水につかっていた部分は白く、骨のよう。負の遺産にしたくないです。

16日（木）

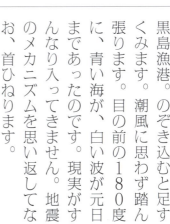

船のみが知るあの時

この船は知っています。あの日、能登の海で何が起きたのか。砂浜でじっと動かず、一部始終を真っすぐ向けて、先端を見ていたのです。目の前の港が4メートル盛り上がりました。見る見るうちに水が引き、底はむき出しに。海岸線は200メートル後ろに下がりました。もう見る影ないです。どんなスピード感で一変したのか。どんな音がしたのか、しなかったのか。数千年に1度の規模だから、誰もリアルを知らないです。でも、この船は知っています。

17日（金）

必死の「命綱」

岸壁の端。足元から伸びる縄にたるみないです。ピンと張り、少しずつ傾いていくのをつなぎ留めています。輪島市の鹿磯漁港。ごつごつした岩場に転がるまいと、縄にすがり、助けを待つ漁船がありました。豊かな天然礁が広がる外浦。自慢の漁場に行きたいのに、思いっきり網を広げたいのに、かないません。県内に69ある漁港のうち、60の漁港が壊れました。「廃港」を口にする漁師がいます。惜しいです。が、いかんともしがたいです。

18日（土）

「美しい能登に住まわせてもらってる」

この地を慈しむ気持ちに一点の曇りもないです。輪島市の藤平朝雄さん。東京生まれの84歳。移住して約60年。能登の歴史文化に詳しく、右に出る者なく、能登半島広域観光協会相談役など数々の肩書。自宅で被災し、車中泊、避難所、憂いから入院も。それでもなお寄り添って離れません。「みな被災者。散々な目に遭っているのに愚痴らず、まずは相手を思いやる。こんな時でも、こんなにも美しい能登に住まわせてもらっているんです」。

19日（日）

「新しい名前を考えたいです」

沈む夕日はかつて巨岩の穴を通り、能登を照らしました。輪島・曽々木海岸の「窓岩」。その瞬間は神々しく、まさにダイヤモンドでした。が、直径2メートルの窓は崩壊。すぐそばで暮らす84歳から写真が届きました。藤平朝雄さん。この岩にほれ込み、移住半世紀余り。聞けば「確かに何万回と見てきた。でもね、壊れて残念とか恋しいとか言っていても夢広がらない。よく見れば、スフィンクスか鳳凰《ほうおう》か……。新しい名前考えたいです。前に進みたいです」。

20日（月）

「なんとんない」

背丈ほどの段ボール。粘着テープで目隠しです。七尾市内の避難所。なお40人余りいます。畳んだ洗濯物、丸めた布団、並んだ歯ブラシ…。ここで正月を過ごし、春を迎え、夏に向かうのです。献身的に

動くスタッフ。家を失い、窮屈な壁に囲まれても「なんとんない」とこらえるお年寄り。届いた新聞には北陸旅行割の記事があります。これでいいのか、このままでいいのかと複雑です。ここに来るたび、無力で、ふがいなく、心苦しいです。

21日（火）

5カ月目の絶句

ここは被災地です。わがまま言いません。ぜいたく言いません。感謝忘れていません。が、正直、動揺しました。七尾市内の避難所で案内してもらった居住エリアの空き部屋。とっさに「なるほど…今もこ

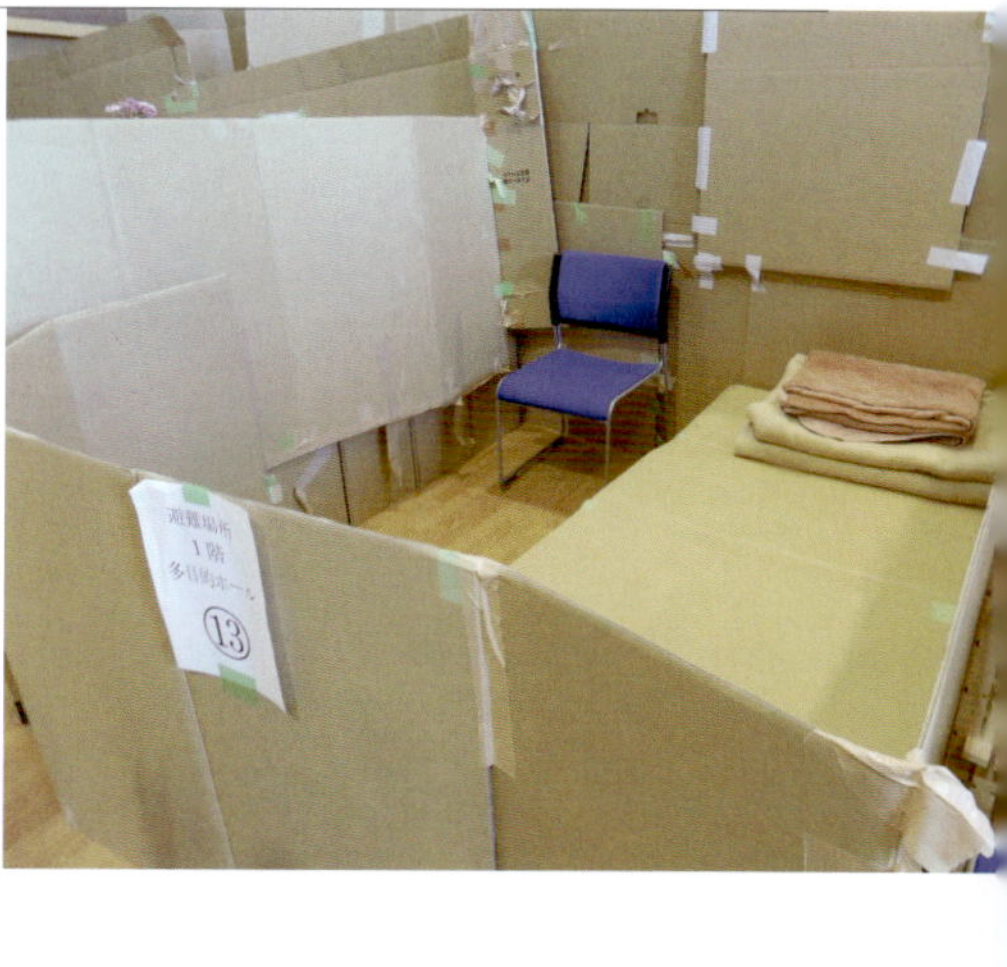

んな感じなんですね」。そう平静を装うも言葉続きません。個室は広さ約1・5畳。通路や隣が気になるなら段ボールの壁を高くします。5カ月近くここで横になり、高い天井を見つめ、わがまま、ぜいたく言わず、黙って目を閉じる被災者がいます。

22日（水）

膝を付き合わせて

畳に腰掛け、同じ目線で語ります。離れて暮らす息子のこと。孫が手紙をくれたこと。あの日、はだしで外に飛び出したこと。倒れたたんすで右ひざを痛めたこと。割れた瓦を拾ったこと。仏壇がつぶれたこと。自宅の片付けが気になること。でも、もう二度と戻れないと分かっていること…。誰かに聞いてほしいのです。七尾市内の避難所。かつて家族4人が過ごしていたという「部屋」は開放され、絵が飾られました。今は、おのおのが心を開くベンチです。

23日（木）

「くでじゅう」を覚えた

色合いも質感も、デザイン、木の香りもいいです。避難所で目を引く靴箱。組み立て部材「くでじゅう」です。組手什と書きます。くぎや接着剤は不要。どんな棚も傘立ても、間仕切りだって簡単です。支援団体が届け、東日本大震災や熊本地震、西日本豪雨でも実績あります。使い回しでき、仮設住宅にも有効。地域材を使うから林業の支援にも。いいことばかりなのに恥ずかしながら無知でした。が、もう覚えました。能登に広まれ、くでじゅう。

24日（金）

「関連」で奪われる命

本当に無念だったと思います。壊れた家を気にしながら、田んぼを心配しながら、子や孫のことを思いながら、息を引き取りました。避難生活で亡くなる「災害関連死」の報に触れ、気持ち沈みます。奥能登3市町の30人が認定され、死者は260人に。悲しいかなさらに増えるのは避けられません。熊本地震では「直接死」の4倍超。救えたはずの命が救えない災禍が繰り返されます。残された家族が涙を拭きます。地震は終わってないです。

25日（土）

続くトイレの綱渡り

おにぎりでもパンでも水でもなく、まずトイレ。大地震を経験し、すっきり心安まる個室が何より大切だと身をもって知りました。ずっと我慢できる人いないです。体調崩してしまいます。七尾市内の避難所に今も仮設トイレが並びます。断水解消も壊れた浄化槽は万全でなく、避難所のトイレを使いすぎないよう、流しすぎてパンクしないよう、併用しているのです。そろりそろりと歳月を重ね、まもなく5カ月。綱渡りの感が拭えません。

26日（日）

「迷ったけど来て良かった」

とびきり明るく屈託なく。どんな時もカニをかぶり、元祖カニカマのスギヨ（七尾市）をPRします。名刺は「カニカマレディ1号」。5月最後の週末、食育戦士「スギヨ仮面」と一緒に東京へ。被災地応援の催しに姿を見せました。「いろんな不安抱える友達が身近にいる。会社の工場がまだまだ大変なのも分かっている。すごく迷ったけど来て良かった。能登を心配してくれる人がこんなにたくさんいるって分かった。みんなに伝えたい」。

27日（月）

＃飲んで応援

ちょっと聞いたことないです。北陸のカニを使ったビール。ラガーでなく「エールビール」で、被災地にエールを送ろうと東京都内の会社が開発です。「臭みが出ないよう心掛けた。煮込んだのは甲羅や足。実は、みそや身は入ってない」。醸造責任者が耳打ちします。1本税込み880円。うち100円は寄付。早速貢献です。グラスに注ぎます。カニ色。泡を吹いているようです。気になる味は…目を閉じて、カニだと念じて口に含めば、カニです。

28日（火）

150日続く「迎春」

売店の端から端を封じる銀のシャッター。軽く触れると、想像したよりも、見た目よりも、冷たかったです。壁には「迎春」の赤い文字。白く染まる富士山、舞い上がる鶴。「新年は1日より営業致します」とあります。のと里山空港（輪島市）の1階フロア。能登が誇る工芸品、特産の米も塩も酒も並びません。地元の人も買いに来たソフトクリームも出てきません。1月のカレンダーも観光パンフレットも更新されぬまま。時が止まっています。

29日（水）

「お越しいただき、ありがとうございます」

ささやかな気遣いかもしれません。でも見過ごせません。思いやりに満たされる気持ちになりました。のと里山空港（輪島市）に貸しタオルです。雲が分厚く、この時期にしては気温が低く、たたきつけるような雨が降る朝だったから、なおさらです。「復興のため、雨の多い能登にお越しいただき、ありがとうございます」。ふわふわの白いタオル。降り立ったボランティアは感じます。被災地を後にする時、感じます。能登はやさしやです。

30日（木）

孤独死の報

その声は小さく、子猫のように弱々しく、時に震え、途切れ、だから届かなかったのかもしれません。だとしても、です。受け入れがたい現実です。輪島市の仮設住宅で70代女性が誰にもみとられることなく、気付かれることさえなく、逝きました。あってはならないことです。が、これが現実です。今、地震でつぶれた輪島のまちを思い出します。能登で暮らし、カレンダーの5枚目をめくろうかという時期になってなお、切なさこみ上げます。

31日（金）

◎半島記者の追想　5月

とある電話

　少し控えめな、だけど凛とした雰囲気が伝わる声です。「立夏」が過ぎ、よく晴れた平日の朝でした。七尾支局に一本の電話です。「支局長さんですか」―。顔も、名も、どこに住んでいるのかも知らぬ女性。「昔からの読者」と言います。とても丁寧な口調です。能登の方言は出ません。「元日に被災しました。けがはないです」と教えてくれます。そして朝刊「能登版」の小欄について語ります。「いつもここから読んでます。被災地のどこが今どうなのか、新聞を広げて最初にここ読んで、それから次のページをめくります」。恐縮していると「ずっと思っていたんですが、できれば教えてほしいです」。いよいよ本題です。「この日と、この日と…」。小さなコラムについて、いくつか具体的な日にちを挙げます。その上で、どこで撮った写真か、その詳しい場所が知りたいと言うのです。記憶をたどり、それぞれの撮影地を伝えた後、その意図を訪ねました。間を置かず、女性が返します。「実は同じ場所に立ってみたいなと思っていたんです。自分なら、そこで何が見えるか、何を感じるか。何も感じなくても、写真撮って、この記事と同じ気持ちになるのか、違うのか。とにかく、そこ行ってみます。被災して、あまり出歩かなくなって、視野とか考えとか狭くなって。だから、新聞を理由というか、きっかけにして、自分も被災地を見てみようと思います。1年で1番いい季節なので外に出ます」。左の耳に当てた受話器、いつもよりもそっと置きました。記者冥利に尽きます。こんな読者が1人でもいる限り、精いっぱい務めを果たそうと誓います。被災した方々にも支えられ、励まされ、そのおかげで書き続けることできています。

2024年6月

【輪島朝市】

日本三大朝市の一つとして数えられる輪島朝市のかつての様子。平安時代から続き、売り子の女性の元気のよい売り声などが響く観光名所として知られていた。しかし、地震にともなう火災で5万800㎡が焼失した。

「もう住めん。神棚が落ちてもた」

右手につえ。腰掛ける車いすは紺と赤のチェック柄です。「新品や」。避難所の男性は81歳。ピカピカだと褒めると「よう動く。1万円落ちとったらスーッと行って拾える」とおどけました。会話が広がります。「ご自宅は?」。するとその目がみるみる潤みます。「もう住めん。神棚が落ちてもた」。床に転がる「神様」を置いて家を出たと、戻りたいけど戻れないと涙をためます。思い出させたことへの深い後悔と反省の念がこびりつき、離れません。

1日（土）

衣替え

すっと手が届く高さです。ピンクのシャツ、薄手のカーディガン、ゆったりジーンズ、ちょっと派手な短パン…。段ボールの上。きちんと畳んで並びます。サイズを問わず、年齢や性別を問わず、昼夜を問わず、自由に選べます。無料です。好きな色の服を着てほしいと、涼しげな装いでいてほしいと、どれもこれも全国から寄せられた善意です。七尾市内の避難所。アジサイが咲き、カタツムリが角を伸ばす季節の始まりを知らせます。

2日（日）

「私が好きな言葉を送ります。」

遠く離れた地から、避難所にメッセージです。愛媛・宇和島東高の生徒たちが心寄せています。このうち1枚のカードに深く感心しました。まさに今だと共感しました。インドの指導者ガンジーの名言。この生徒の「好きな言葉」です。束縛や悲しみ、逆境があるからこそ、人は強くなれるとの教えを伝えます。「涙があるからこそ、私は前に進めるのだ」と説く偉人の訴えを紹介しています。約3300人が避難者のまま、6月を迎えています。

3日（月）

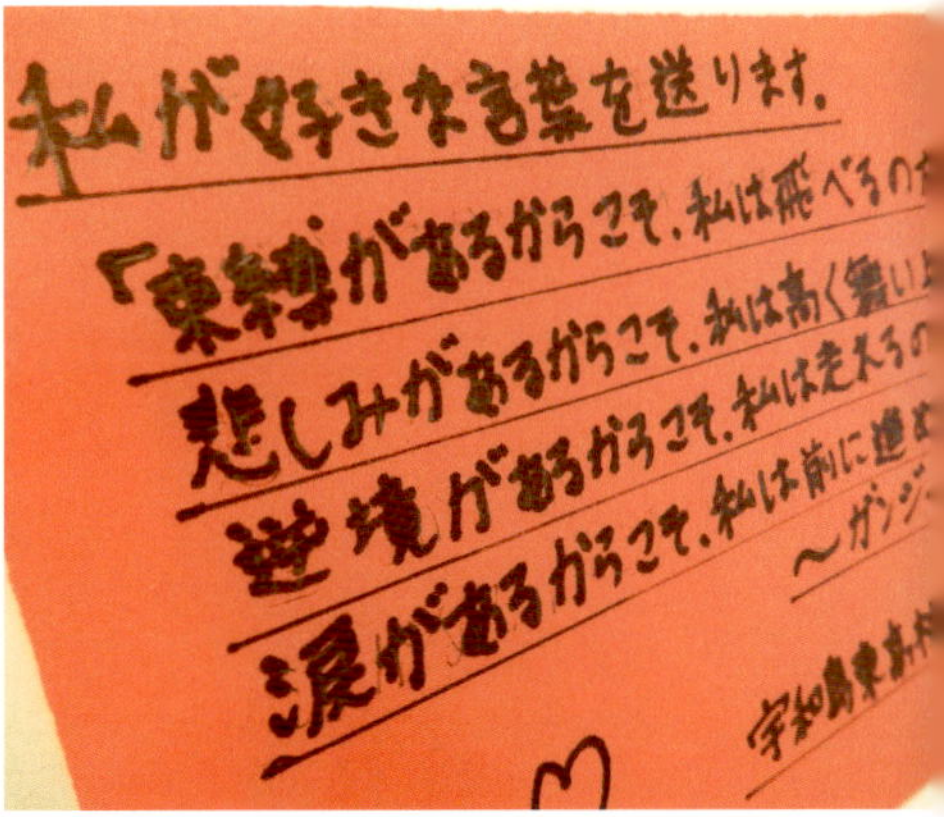

155日目に再び

頭のてっぺんを刺すような、耳ふさぎたくなるリピートに焦ります。嫌悪感、極まりないです。緊急地震速報。こわばります。すると間を置かず、ガタガタミシミシ揺れました。3日朝、最大震度5強です。元日以降、震度1以上は1800回を数えます。地震活動は当面続き、今後1週間は特に注意。土砂災害の恐れあります。能登には骨だけで耐える建物が山ほどあります。避難所で眠る人が山ほどいます。みな弱っています。どうか許してほしいです。　4日（火）

ずっと大切にしたい

海色の台紙です。地震復興の願いを込めたブローチ。能登ヒバの廃材を使い、障害ある人たちが仕上げています。被災地はもちろん、環境にも社会にも寄り添います。石川県の海岸線は580キロ超。地震で崩れたり、隆起したりした場所を指でなぞってみます。この地で暮らすからでしょうか。避難所の人たちの顔が浮かぶからでしょうか。何だかいとおしくなります。税込み880円。売り上げの一部は寄付されます。道の駅で一つ、買いました。5日（水）

生まれ変わるため

がれきをかき分けて重機が進みます。大きなハサミがせわしく動き、鉄の柱をつかみます。6月の空にガシャンと響きます。5日、輪島朝市で始まった公費解体。ようやくです。惨状をさらし、5カ月。地域住民が、両陛下が、目を閉じ、頭を下げた通りが希望へ一歩です。周辺264棟が滅失登記され、災害廃棄物としてばらばらにされます。避けて通れない作業だと分かっていますが、廃棄物という言葉に、どことない寂しさ悔しさ感じます。　6日（木）

#能登のために

ぷっくりした真っ赤なハート。その真ん中に石川県が金色でうっすら浮かびます。能登への思いを広げる県のPRロゴ。いつでも誰でも、無料でダウンロードできます。「私たちは応援しています」「買って応援」「食べて応援」など別バージョンもあり、大きさ自由で何回でも使えます。催し案内のポスターに添えたり、シールにして土産品に貼ったり。缶バッジやマグネットにも。じわり人気です。あの松井秀喜さんも故郷を思い、プッシュしています。

7日（金）

ダンボールの世界で暮らす

ボールが弾む音は聞こえません。バスケットコート2面にびっしりの畳。鉛筆みたいな屋根が並びます。七尾総合市民体育館。段ボールハウスに約50人が身を寄せます。仮設住宅の順番を待っています。オレンジ色の観客席は1100。その昔、大相撲で頂点を極めた元横綱輪島大士さんが「ぜひ故郷で」とプロレスデビューの会場に選んだ大空間です。地震から160日。被災者はきょうも、段ボールハウスの中、段ボールベッドで眠ります。8日（土）

「みんなに食べてもらう」

緑が濃いです。しゃきしゃきのレタスやキャベツ。「地震前に植えた。大きなった。みんなに食べてもらう」。七尾市内の避難所。ここで暮らす男性が自ら栽培した野菜です。支援物資のパックご飯や缶詰はあるけど「青物が全く足りん」。元自衛官は日焼け顔で続けます。「自分は大丈夫。どんだけでも動ける。でもみんなが心配や」。すごく若々しいけど今夏で80歳の被災者です。心も体も無理させたくない。でもただ耳を傾けることしかできません。

9日（日）

10日（月）休刊日

小さな輪になって―

誰かと手をつなぐ。こんな時でも、こんな時だからこそ、大切にしてほしいです。1人じゃないこと、支え合っていることが分かります。七尾市内の避難所でレクリエーションが行われていました。段ボールハウスの前で輪になります。少し照れて、手を取り合い、片足を上げてバランスとります。おっとっととなって子どもみたいに笑います。指導員のピンクシャツの背には石川県の地図。「笑顔、再び」のメッセージが書いてあります。

11日（火）

「負けんげん能登！」

うまくイメージできません。前後左右、上も下も、段ボールに囲まれた生活。日が差す朝も、雨降る夜も、体育館に組み立てた四角い空間で過ごすのです。七尾市内の避難所に間隔を詰めて並ぶ段ボールハウス。台所もトイレもない小さな家々の前に立ち、わが身に置き換えようとします。が、やっぱりうまくイメージできません。かまぼこ型に切り抜いた「ドア」の横には家主の名前が書いてあります。そこに丸いシールありました。負けんげん能登！

12日（水）

有事の拠点に残る傷痕

深い爪痕です。横断歩道の両脇に配したモニュメントは傾いたまま。エントランスへと続く道は割れ、くぼみ、めくれ、大蛇が暴れたようです。のと里山空港（輪島市）。あの日、2千メートルの滑走路にも亀裂が走りました。東京まで60分。往復便は復活し、能登の人たちを、ボランティアを、運びます。3年前の6月、国土交通省は災害時の拠点となる「防災道の駅」に選んでいます。全国39駅のうちの一つです。大地震が起きる前のことです。

13日（木）

大切な翼

強度は点検済みです。安全だと分かっています。でも何となく不穏です。のと里山空港（輪島市）。出発ロビーに通じる階段を目にするたび、ステップを踏むたび、心地良くないです。地震を受けた応急措置。鉄のつっかえ棒で支えられる姿が痛ましいです。ふと思い出します。海に突き出た半島はかつて「陸の孤島」と揶揄《やゆ》されました。21年前の七夕、能登の人たちの大きな期待を背負って開港したのです。大切な大切な翼なのです。

14日（金）

負けなかった高校生たち

強烈な日差しを浴び、鉄のふたはやけどするほど熱いです。マンホールが路面をギザギザに割り、膝より高く、大胆に飛び出ています。液状化被害の羽咋高校。今なお校舎の一部は壁が崩れ、窓が割れています。それでも、です。一瞬たりとも学びを止めてません。年明けは近隣の高校などで分散授業を展開。みんなで励まし合い、一丸で難局を乗り越えました。そして今春、大学の合格実績は近年にない好結果に。地震なんかに負けません。

15日（土）

「とりもどせる」

今こそ心を一つにしようと、黙ってないで、うつむくのではなくて、前向きな思いを発信しようと墨をすったのでしょう。苦難の先に光があると自分に言い聞かせながら、筆を運ぶ様子が浮かびます。羽咋高校の正門横に立つ黄色い看板。生徒有志の直筆です。あの日、靴を履かずに外に飛び出し、風呂のない生活となり、何日も車中泊したクラスメートがいることを知っています。だから「一緒に乗り越えよう」。今こそ「絆」なのです。

16日（日）

創立記念日

手を伸ばしても、てっぺんに届きません。真っすぐな道の右手におにぎり型の巨岩があります。被災し、痛んだ痕があちこち残る羽咋高校。でも、校歌を彫ったこの記念碑は1ミリも動いてないです。文武両道を貫き、100年の歴史ある伝統校。今春の卒業式は体育館が使えず、やむなく会場を変更。こうした中、卒業生は高らかに校歌を歌いました。同窓会から贈られた県産エアリーフローラを手にしました。花言葉の「希望」を心に刻みました。

17日（月）

入りきらない善意

ぱんぱんに詰まっています。大げさでなく、本当に隙間なく入っています。福沢諭吉の顔も見えます。半島への入り口にある道の駅・のと千里浜（羽咋市）。被災地応援の募金箱です。駅長によると4月末に2度目の回収をしたのに、もうぱんぱんです。石川、富山、新潟3県の道の駅での総額は4カ月間で120万円超。今も膨らみ続けます。広辞苑3冊ほどの小さな箱。簡単に持ち上がりません。全国のみなさんの気持ち、すごく重いです。

18日（火）

「がんばってます」

ふわっと白い花が咲いたよう。いただいた菓子箱を開けると三角の包みが並んでいました。一個一個に「がんばろう能登」。左手をグーにしたネコが「ファイト！」と顔を出します。七尾市内の老舗菓子店。自慢のかりんとう饅頭《まんじゅう》です。多くの支援に感謝しようと、今の気持ちを伝えようと、店では「がんばろう」を「がんばってます」に変更しようかなと考えています。地震半年を前に、ほんの少しでも、前に進みたいのです。

19日（水）

心のケアを

小さくても、四角く均一で、白っぽいから目立ちます。木の手すり、赤いポストも目立っています。志賀町内の仮設住宅。道の駅の駐車場と接し、12戸が並びます。お年寄りが一人、ピンクと紫の花が咲くプランターに水やりしています。地震170日目、新たに22人の災害関連死が認定され、死者は熊本地震を上回る282人に。東日本、阪神・淡路の大震災に次ぐ規模に膨らみました。半島が抱える命。もうこれ以上、失いたくないです。

20日（木）

夏至の海

もくもくした雲。太陽は一年で最も高く、真上から照ります。路面の影は短く、昼間は長く、真夏の暑さ。被災地の港では、痛んだ漁船の先っぽで海鳥が羽を休めます。目の前に広がる日本海は空と同じくらい広く、青いです。日差しや気温が厳しさ増すにつれ、梅雨が迫るにつれ、能登の魚はプランクトンをたっぷりのみ込み、肥え太ります。腕まくりする時季。なのに、フル稼働できません。少なくとも340隻が被害に遭っているのです。

21日（金）

「んーとなる」

ざぷんざぷんと波の音。高く低く飛ぶ海鳥の鳴き声と重なります。志賀町の富来漁港。朝早く、漁船が並ぶ岸壁に立ちました。地震で割れた段差につまずかないよう歩きます。電柱は70度、いや60度に傾き、

電線を引っ張り合います。漁師が言います。「仮復旧というか応急の工事で何とか、やっと船出せとる。苦労しとるやし『富来は大丈夫でよかったな』とか言われると、んーとなる。だけどな輪島や珠洲がまだまだやから、何も言えん」

22日(土)

大亀たちの港

ゆるやかなカーブを描く「亀裂」。形や模様がカメに見えます。辞書を引き、その語意を再確認します。「(亀の甲のような形に)ひびが入ること。その裂け目。ひびわれ」。志賀町の富来漁港には巨大なカメがあちこちに。魚が泳ぎ回れるほど広く深いです。危険だと分かっていても、復旧したくても、手が回らないのです。22日、北陸は梅雨入りしました。警報級の大雨予想も。地盤緩む半島。あちこちにいる巨大なカメが暴れないよう、願うばかりです。

23日(日)

「鮮度命なんや」

ゾウの鼻のよう。朱色のホースは縦横自在です。陥没した岸壁に注意の鉄柵が立つ富来漁港（志賀町）。その鼻は伸び、製氷施設につながります。出港前、接岸した漁船にゴロゴロと氷を送り、魚をキンキンに冷やす準備をします。断水の期間、大量の水を金沢で積んだ大型トラックが往復。どうにかこうにか漁を続けました。ペンを持ち、突っ立ったままの記者に漁師が言います。「教えたろか、一回の漁で20トン使う。氷ってな、当たり前やないんや」

24日（月）

「能登のが優先」

能登の青い空、海。滑走路のような岸壁が延々です。数珠つなぎの白い漁船。同じ間隔で、同じリズムで、緩い波に揺れます。志賀町の富来漁港。実はこれ、いつもの光景ではないです。どれも奥能登の、輪島市内の漁船です。復旧の先行きが見えず、避難してきたのです。例年ならば北海道や東北、関西の小型イカ釣り船が大挙する季節。でも「今年、県外のは遠慮してもろた。能登のが優先」と漁協関係者。前へ倣えした漁船はオール能登です。25日（火）

「船底の感覚が違う」

その目はガラス玉のよう。ついさっきまで海で群れていたピチピチの「メギス」。石川県民はそう呼びます。が、正式には「ニギス」だと教わりました。志賀町の富来漁港。「ようとれた。ほんと久しぶりや」。水揚げ4トン超。船長はねぎらうような目で積み降ろし作業を見守ります。「ずっと感覚違う。海底分からんと漁にならん」。弱音でも言い訳でもなく、ぽろりこぼれた本音です。大規模に隆起した能登の海で漁師たちは悩み、勝負しています。

26日（水）

「船ねじれとるけど沖に出る」

手際よく要領よく。目が回る速さで積み重なります。とれたてぎっしりの白い箱。メギス（ニギス）です。石川県が水揚げ全国1位、さらにその多くが、ここ県漁協西海支所（志賀町）とは、恥ずかしながら知りませんでした。「津波で船の後ろねじれとるけど何とかもう少し、続けてみる。西海のメギス日本一やから。うち帰っても風呂入れん時も沖に出た」。船長の言葉に、表情に誇りがにじみます。再びのぞいた白い箱。より尊く、より光ってみえました。

27日（木）

「ガタガタや」

ウン・コン・カン。ずっと前に知人の漁師に教わった言葉です。今も昔もニッポンの漁業は運と根気、勘が大事だと。たとえ船が大型化しても機械化しても、漁師たるもの忘れてならぬと言ってました。が、能登の海は今、ウン・コン・カンが通用しません。腰を落ち着け、覚悟を決めて網をなげうつことができません。「ツルツルやったとこがガタガタや」。崖崩れで岩石が転がり、隆起で岩礁がせり上がり…。漁師たちは破れた網の手直しに追われています。

28日（金）

「仲間のもんら助けてやらな」

「上架」と書いて「じょうか」。船を陸にあげ、保守点検や化粧直しをする意です。志賀町の富来漁港。底引き漁船「海神丸」が上架です。船長が船底を真っ赤にしてます。船作業の手を止めぬまま、ぽつりぽつりと話します。「地震がなぁ、でも船があるだけ感謝」。不平不満を口にしません。「輪島やら珠洲のもんら助けてやらんなん」。ぶっきらぼう。でもすごく温かい。「海神丸」と書いて「わだつみまる」。海をつかさどる神霊の意です。

29日（土）

「船はな、なんべんでも直す」

石橋たたいて渡ります。そろりそろりと下がります。2本のワイヤはぎしぎし鳴ります。志賀町の富来漁港。ですが、この船は輪島の所属です。被害が大きな奥能登にとどまれず、金沢など各地を転々。発災半年を前に、行き着くところ、ようやくこの港で修理を終えました。船の名は「八起丸」。船長は60歳。実感込めます。「海は七転びや。おやじの時からそう。船はな、なんべんでも直す。直したからスクリュー光っとるやろ。ほんで大丈夫、沖に出れる」

30日（日）

◎半島記者の追想　6月

「気の毒な」

郷愁の念が揺さぶられます。ゆったりした映像、穏やかな旋律。何だか懐かしく、それでいて背中を押してくれる。そんなテレビCMが石川県にあります。能登が拠点の「のと共栄信用金庫」。略して「のとしん」。大正4年設立の100年企業です。そのナレーションが心にしみて頭から離れません。紡ぐのは「気の毒な」。方言です。標準語では、誰かの不幸や苦痛を見聞きし、同情して心を痛める—の意。ここでは違います。深い感謝の気持ちを伝えているのです。この地で暮らし、しょっちゅう耳にする言葉です。CMの語りを原文のまま紹介します。~私たちは100年の間ふるさとの人々を見つめてきました　昔からこのまちの人はありがとうを言うのが苦手でした　代わりに「気の毒な」と申し訳ない気持ちをいっぱいに表現します　私たちはこの「気の毒な」が好きです　有り難い幸せを喜ぶ「ありがとう」ではなくて　気を遣ってくれた相手の厚意に頭をさげる「気の毒な」　思いやりにあふれたこのまちの美しい習慣です~

CMで流れる映像は夕日が映る田んぼ、魚はねる漁港、老舗商店街、おかみがほほ笑む和倉温泉…。どれも壊れ、今は撮影できません。そもそも「のとしん」も、深刻な被害を受けています。能登に生まれ、東京の大学からUターン就職した男性職員が言います。「幼いころから『気の毒な』と腰をかがめる母親を見て育った。照れくさくて『ありがとう』が言えないんです。でもCMにある通り、素朴で、つつましい方言が好き。能登の人たち守ってあげたいです」。被災地も梅雨入りです。男性は長靴を履き、ボランティアに出掛けます。きょうも能登に「気の毒な」が聞こえます。余韻が残る言葉です。

2024年7月

【 あばれ祭り 】

能登キリコ祭りの一つである能登町宇出津のあばれ祭り。キリコ祭りは7月から9月にかけて、能登半島の約200か所で行われている。大漁や豊作などを願って、キリコという大きな奉燈を担ぎ、練り歩く。

©石川県観光連盟

「誰も触れれん宝や」

はるか昔から同じ大きさ、同じ光、同じ角度で、沈みます。日本海側の外浦。景勝に夕日が重なります。「癒やしとか知らん。でもずっと見とられるやろ。誰も触れれん宝や」。時に頑固な、決して気取らぬ能登の漁師が宝と認めます。高台から望む夕焼け。家を失った人、子や孫を亡くした人も眺めているかもと思うとふさぎます。雑節の一つ「半夏生」。季節巡り、いつの間にか田植えを終える時季と気づきます。カレンダーの6枚目めくります。

1日（月）

4%の半年

真っ黒でつやつやの能登瓦。屋根のてっぺんと同じ目線で歩きました。切れた電線をよけ、倒れた庭木をまたぎます。ぺしゃんこの車に誰かまさか…と、ちらりのぞいて進みました。1月。あっちもこっちも通行止め。雪間に見た被災地を思い出します。7月。あの日とは景色が違います。仮設住宅の建設が急ピッチです。が、市町による公費解体は完了4%程度。2200人超が避難生活を続けます。そして今なお、行方不明の人がいます。

2日（火）

「助けられずにごめんね」

花柄の布団に包まれた母親とその息子。冷たくなった2人と対面した家族がしゃくり上げます。口元を両手で押さえ「助けられずにごめんね」。1月2日は休刊日。翌3日の北陸中日新聞朝刊です。この写真、この見出しが忘れられません。この時点で死者48人。「救助の要請に対応できていない」と報じました。半年後。死者は300人に迫り、災害関連死が増え続けています。「助けられずにごめんね」。しゃくり上げる人たちが今も、います。

3日（金）

「最後までおる」

幼いわが子にほお寄せるようなまなざし。視線の先、メダカです。「赤いやろ。全部で10おる」。小川朝子さん。86歳。志賀町で民宿を営みます。群発地震の地。離れて暮らす子どもたちは心配するけど「ここに残るって言うた。またいつ何あるか分からんよ、ほんでも守らんなん」。少し痛む右足をさすり、言います。「屋根と壁といつ直すか迷っとる。メダカにも相談しとる」。わが子の口にかゆを運ぶようなまなざし。水面にえさをまきました。

4日（木）

葛藤抱えあばれる

牙をむく猛獣のようです。潮風に揺らぐどでかい火柱。すれすれを練るキリコ、火の粉かぶる担ぎ手。昨夏、初めて見た能登町宇出津の「あばれ祭」です。あれから1年。漁師町は被災し、景色が変わり、まさに命懸けで守ってきた伝統に賛否が渦巻きます。それを承知でたいまつに火を入れます。家がつぶれた人、その下敷きになった人がいること、忘れたわけじゃないです。忘れないために、復興の神を呼び込むために、あばれるのです。

5日（金）

「負けとられんじゃ‼」

アーチ型の、ガラス張りの屋根の下。巨大な壁画に目を凝らします。「負けとられんじゃ‼」。小暑の候。県内で今年初の猛暑日を観測した5日、力強いメッセージを見上げました。のと里山空港（輪島市）。まもなく迎える開港21周年のPR事業です。縦4・5メートル、横6メートルの幕に浮かび上がる半島。聞けば、地震前の奥能登の写真1974枚を並べて描かれています。二度と戻らぬ、壊れた情景は数えきれません。でも、負けとられんじゃ‼

6日（土）

「孤独が消えますよう」

ロマンチックな記念日です。年に一度、織り姫とひこ星が天の川を渡る。その日が、のと里山空港（輪島市）の開港日です。満21歳。今年の合言葉は「復興に向けてテイクオフ」。1階ロビーの短冊を見てみます。「穏やかな暮らしが戻りますように」「無くしたものを取り戻せますように」「この世界から孤独が消えますように」…。七夕飾りは派手なのに、合言葉には勢いあるのに、星への願いはつつましいです。何だか寂しさ覚えます。

7日（日）

「迎春のポスター外したわ」

能登づくし。その魅力を県外の人たちに伝えたい。地域の人たちに伝え直したい。だから半島の名品をそろえた新コーナー設置です。のと里山空港（輪島市）1階売店。7日の開港記念日に合わせ、模様替えして再出発です。しょうゆ、塩、コーヒー、シイタケ…。どれもメードインNOTO。「店のね、ここに貼ったままやった迎春のポスターさっき外したわ」。店員が笑顔で壁を指さします。リセットして22年目へ。新しい一年へと踏み出します。

8日（月）

「ワンチーム」

つやのある青糸と白糸で編んだオリジナルタグ。今夏、のと里山空港（輪島市）が航空会社とコラボしました。開港21周年。搭乗者に期間限定でプレゼントしてます。込めた願いは「ワンチーム」。かつてラグビー日本代表が掲げたスローガンです。能登で暮らす人たちは少し不自由を感じても、心細くても、くじけないと誓います。能登を訪れる人たちは被災地を忘れない、見捨てたりしないと約束します。暮らす人、訪れる人、双方の思いを重ねたお守りです。

9日（火）

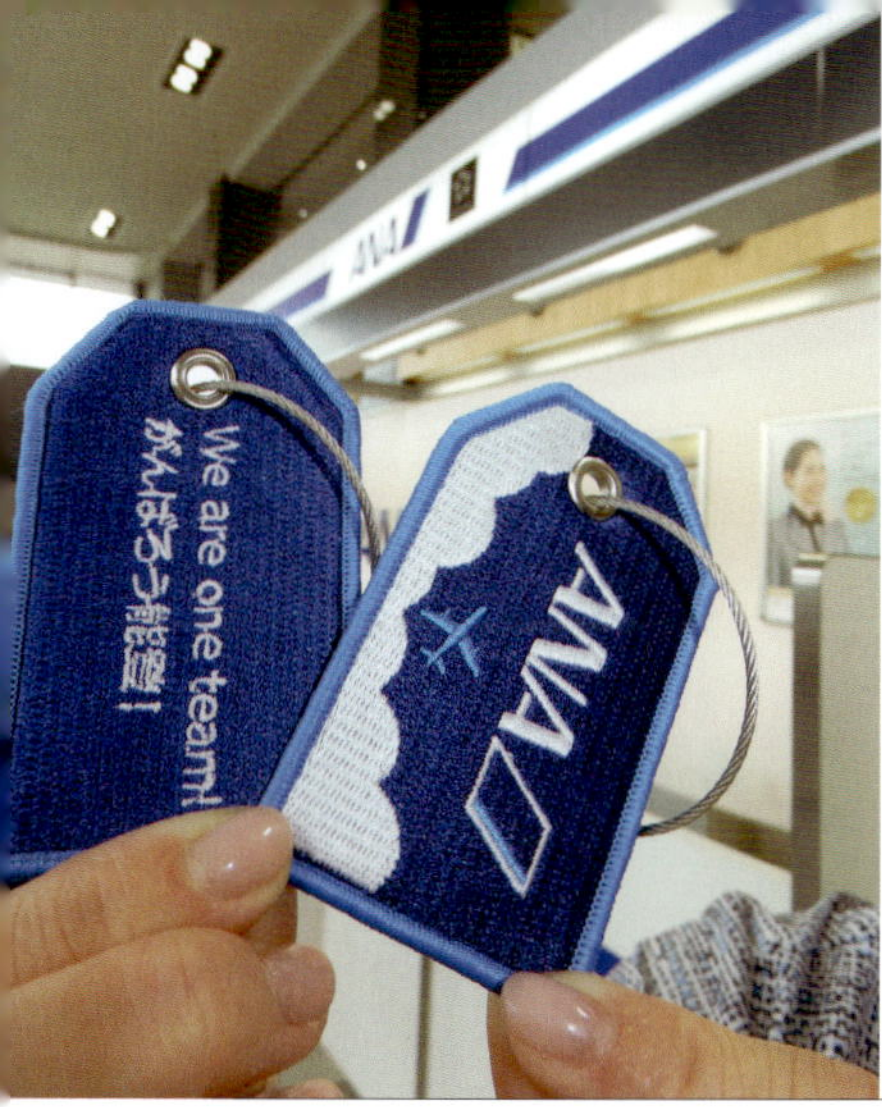

「そのまま閉まらん」

押しても引いてもぴくりともしません。開いたままの鉄の扉。のと里山空港（輪島市）の一角、非常口です。「閉まっとった扉が地震でバーン開いて建物ゆがんでそのまま閉まらんくなった」。空港スタッフが説明します。開港21年。元日に大きく傷ついていても累計287万人超が利用した空港は一見するとラグジュアリーです。が、建物はゆがんでます。翻って被災者の気持ちを考えます。心の扉を開いてあげたいなと思います。一見すると笑顔に見えても、です。

10日（水）

「空を見るっていいもんや」

過去を振り返り、うつむく。ではなく「前を向いて空を見上げる」。のと里山空港（輪島市）スタッフの約束事です。3階レストラン。赤いバンダナの女性が言います。「地震ね、ひどい目に遭った。夜に避難所行った。あと水くみ大変やった」。83歳。自宅にある代々の蔵を解体する決断をした。なじみのプールが壊れ、趣味の水泳をあきらめた。心の奥。常に地震あります。「そりゃみんないろいろあるけど空を見るっていいもんや。元気出るわいね」　11日（木）

「のとだーいすき！」

ふむふむと感心したり、そっと手を合わせたり、優しさに触れ、思わずこみ上げたり。のと里山空港（輪島市）。小松空港（小松市）から届いた横断幕が感慨深いです。「日本中の応援を集めてもう一度歩き出しましょう!!一緒に☆」「また来るよ」「共に生きよう」―。能登にエールを送り続ける歌手大黒摩季さんもピンクのペンで書き込んでいます。目がちかちかするほど、まぶしいほどにカラフルです。でも、ずっと眺めていられます。

12日（金）

命のバトン

何としても助けたい。誰一人として後悔させたくない。そんな思いを詰めた円柱の筒。持病や障害の有無、かかりつけ医、家族の連絡先などを書いた紙を入れます。保管先は冷蔵庫。これを地域の共通認識とします。緊急時、大災害の時、救急隊員が初期対応に役立てます。１人暮らしでも、しゃべることできなくても救うことできます。能登の被災地で目にした「命のバトン」。滋賀県東近江市愛東地区の先駆的な試みが今、この地で広がろうとしています。

13日（土）

いのちのバール

赤と黄の太い筒。いざという時、探さなくてもいいよう派手です。長さ１７０センチほど。鉄の棒が２本、入っています。倒壊した家の柱や家具、崩れてきた岩を持ち上げて、下敷きになった人を救出します。動かなくなった車の窓を割り、閉じ込められた人を助け出します。開かなくなったドアにぐいっと差し込み、こじあけます。七尾市の能登島に届いた「いのちのバール」。万能です。頼りになります。でも使わずに済むこと、切に願います。

14日（日）

海あっての能登

さんずいに「毎」。古い漢字だと「每」。母と書きます。「母なる海」という言葉あります。何億年、いや何十億年も前、生命がここで生まれたと言われています。波穏やかな外浦を眺めます。しゃがむと透明で、立ち上がると青色に反射します。空を映す鏡のようです。でもあの日、ギザギザにとがって押し寄せました。かけがえのないものを壊しました。それでも、です。大切にすること誓います。海なくして能登の復興は語れないのです。

15日（月）

16日（火）休刊日

いのちの道の対面通行

油断せず、ハンドル握ります。段差あり。S字あり。急勾配の上り下りも。波打つ路面にはアスファルトの破片が山積みです。崩落した道路脇には根元を失ったガードレールがぶら下がっています。半島の大動脈・のと里山海道。地震半年を過ぎても、蛇行し、迂回《うかい》し、車窓の景色は大きく変わってないように見えます。が、交通事情が大きく変わります。17日正午、ほぼ全線で一方通行が解消です。復旧復興に向け、人、モノが流れます。

17日（水）

イルカはいない…

主役不在です。アリが滑るほどつるつるでピカピカ、準備万全なのにイルカがいないです。のとじま水族館（七尾市）。深さ4メートル。学校の25メートルプールがすっぽり入るサイズのだえん。水のないプールが、誰もいない800人分の客席が、こんなにも広く、寂しく見えるとは思いませんでした。体長2メートル、体重100キロ。高く跳ね、ボールを追い、大歓声を浴びた12頭は福井や和歌山、横浜に分かれ、緊急避難です。うち1頭は力尽き、今は天国で泳ぎます。

18日（木）

200日ぶりの再開！

海鳥なのに飛べません。飛ぶどころか、背筋伸ばして歩きます。白線を引いた一本道を堂々と行進します。ペンギンのお散歩タイム。よちよち姿に人々が群がります。のとじま水族館（七尾市）自慢の催し。壊れた道は水色を塗り直し、安全点検も終えました。でもUターン地点に描かれた丸いフォルムは真っ黒なまま。丸い目がまだ入ってません。お散歩はもう少し先なのです。でもようやく、およそ200日ぶりに、水族館の扉が開きます。

19日（金）

1万の死

まぶたの裏に焼きついてます。イワシの群れが描く芸術。きらきらと重なり、円になり、渦になり…その数1万匹。のとじま水族館（七尾市）で1日2回のイベントは、いつも人だかりでした。地震から半年余り。深さ約7メートルの水槽には工事用の足場がありました。さかなへんに弱いで「鰯」。水揚げされるとすぐに弱って死んでしまいます。名前は「弱し」が由来です。だから無理でした。ほぼ全滅です。20日再開の水族館。でも、あの感動にはあえません。

20日（土）

水が入るだけで泣ける

水面のゆらめきが天井に届いています。その名も「青の世界」。のとじま水族館（七尾市）の象徴です。日本海側で、最大級の1600トン。日本海側日本海側で、唯一だったジンベエザメはいません。スローモーションでプランクトンをのむ姿を見ることできません。でも満々と水をたたえる、ただそれだけで、じんときます。あの日、ガラスは傷つき、配管は壊れ、みるみる水位が下がりました。この光景が当たり前じゃないと知ったから、じんときます。

21日（日）

「大暑」の日に考えたこと

波の音が遠く小さく、虫の声が近く大きく、耳に届きます。あんなに暑かったのに、日が陰ると風ぬるいです。志賀町の「世界一長いベンチ」に座りました。ギネス記録に認定の460・9メートル。図らずも独占です。西の空を眺め、ぼんやり考えます。ベンチのすぐ裏に並ぶ仮設住宅のこと、その白っぽい屋根が強い日差しを浴びていたこと、1人暮らしがいること、県内で今年初の熱中症警戒アラートが出たこと、被災地も梅雨明けが近いこと―。　22日（月）

「手をあわした後に地震きた」

てかてかの柱や板の間。その木目に触れ、古き良き暮らしを思います。真ん中に、いろり。被災地の民宿です。今秋87歳になる女性が営みます。「たくさん来てもろたけどね、この部屋もう使っとらん」。いろりの鉄瓶は30年ほど前、輪島朝市で選んだといいます。「あん時、4万も出した。燃えてしもたね朝市」。その奥に見える千羽鶴は自ら折り、昨年暮れに飾ったといいます。「良い年に、と手あわした。そのすぐ後に地震きた」。返す言葉みつからなかったです。

23日（火）

客室の壁のバツ印

銀色の模様入り封筒に三つ折りの和紙。暑中見舞いです。日本一の宿「加賀屋」から届きました。七尾市の和倉温泉。昭和天皇、皇后両陛下もご宿泊された老舗はあふれる支援に感謝つづります。いつの日か必ず「真心のおもてなし」を再開すると誓います。地震から200日余り。心寄せたくて、歩みを確かめたくて、足を運びました。駐車場でこぼこです。ロビー真っ暗です。海に面した壁を見上げると客室と客室の間に×印…。まだまだ先です。つらい現実です。

24日（水）

無人の温泉街

能登観光の拠点です。1200年前から湯煙に包まれています。七尾市の和倉温泉。シラサギの導きで湯脈が発見されたそうです。その伝説にちなみ羽を広げるモニュメントあります。熱々の温泉卵を作り、くちばしにつるしたざるで冷やすことできます。国内外の観光客が訪れた広場には今、誰もいません。記念撮影する人いません。シラサギ伝説を学ぶ人いません。卵温める人いません。足元に円を描く石のプレートは直っていません。

25日（木）

地に足つかない営業

大屋根が覆います。季節問わず、天候問わず、肩肘張らず、誰もがふーっと息吐く憩いの場です。七尾市の和倉温泉「総湯」前の足湯。お湯でません。湯気たちません。白い石は渇いたまま。心身ほぐすことできません。総湯は3カ月前のきょう営業を再開。今では日帰り観光客を含め、平日でも500人がつかります。なのに、です。完全無料の「和倉の足浴」がPRできてません。一日も早く足元を固めたいです。地に足をつけたいのです。

26日（金）

水平線がうらめしい

目の前にすっくと立ってます。そびえる建物。一度見て、もう一度見直しました。向かって左側が沈んでいます。夏空の下、背筋寒くなります。和倉温泉（七尾市）の和風旅館。全客室オーシャンビュー。なぎさにたつから絶景です。北陸随一の「海の温泉」の実力です。が、宿を支える護岸が崩れました。水平線と同じ高さの露天風呂が自慢なのに、和倉の代名詞なのに、それがあだとなりました。今、静まり返り、すました様子の海がうらめしいです。 27日（土）

わくうらおんせん

「浦」。海岸や湾、入り江を意味します。そこに温泉が湧くから「湧浦」。「ずっと昔、和倉温泉（七尾市）は『わくうら』と呼ばれていた。でも、言いにくいし、書きにくいから『わくら』になった」―。という歴史を老舗旅館の主人に教わりました。だからどの宿も海に抱かれているのです。が、ピンチです。窮地です。楽観視できません。20余りの宿のうち、観光客が泊まれるのはわずか2旅館。あの日から210日がたつのに、です。

28日（日）

誰が直すのか

日が傾き、陽光が優しくなるころ旅の人は海沿いに出ます。浴衣の帯を締め、そぞろ歩き。げたや草履、巾着、和傘のレンタルあります。七尾市・和倉温泉の情趣です。温泉街をくるむ護岸は総延長3・5キロ。崩れたままです。遊歩道は立ち入り禁止。真っ黒な土のうばかりが目に入ります。県や市が管理する部分と旅館など民間の所有部分が混在している、とのこと。これが復旧が進まぬ理由の一つです。まもなく7カ月。なんだかなぁと思います。

29日（月）

パワースポット

真夏でもひんやりします。木々に囲まれ、潮風になでられ、すっと汗ひきます。和倉温泉（七尾市）の一角、目立たぬ場所です。知る人ぞ知る、です。地震後、初めて足を運びました。目の前の高台が壊れてます。岩が割れ、根っこを放り出した松が青い海に突入してます。朝日と夕日の両方が見える展望デッキは土台を失い、首の皮一枚。それでも左奥、滑らかな弧を描く架け橋が見えます。能登島大橋が無事なこと、せめてもの救いです。

30日（火）

「万博行く元気ないわ」

賛否を論じたい訳ではないです。延期や中止を求めるつもりもないです。来春開幕の大阪・関西万博。複雑です。能登を歩くたび、その声を聞くたび、もやっとします。復興と万博。どちらも資機材や人手、予算が必要です。政治家は「工事の種類が違う。影響ない」「被災者の夢や希望になる。復興万博だ」と力込めます。閑散とした和倉温泉（七尾市）。内部がむき出しの旅館の下で、近くの店主が本音です。「今な、万博行く元気ないわ」

31日（水）

◎半島記者の追想　7月

「自助」が日常から出ていかない

ほんの一歩、外に出れば被災地の風景があります。ブルーシートをかぶる屋根、通行止めの陥没道路、閉店した老舗…。住まいを失った人、大切な誰かを亡くした人が身近にいます。癒えぬ傷と悲しみが近くにあります。非日常が日常となり、はや半年。自問します。ブルーシートも陥没も閉店も、この傷も悲しみも、日常ではない。慣れてはいけない。そう言い聞かせます。戒めます。そして有事の今、思い出します。「取材者やからな。被災者じゃない。いいか、能登の支援物資に一切、手を出すな。炊き出しも」。2007年3月25日朝、当時の編集局長からの電話です。輪島、穴水、七尾で震度6強を観測した能登半島地震。本社の報道部員として現地入りしました。騒々しい混乱。最初の指示は「何を書くか」ではなく「被災者じゃない」の念押しでした。その夜、停電した公民館の裏でソーセージをかじったこと忘れられません。あれから17年。2度目の能登半島地震。「現地入り」ではなく、この地で暮らし、被災し、取材を続けています。が、炊き出しを口にできません。あの言葉に縛られて「取材者」から抜け出せません。この夏、避難所に大鍋が二つ。お玉を回すエプロンの女性が笑顔をくれます。「これ食べたら元気になっから。おいしかったって新聞に書いて」。カレーうどん。かぐわしく、思わず二度見します。政治家が被災地でカレーライスを食べることの賛否論争に興味ないです。残り物かどうかに関心ないです。ただ一つ、被災者自らが被災者のためにお玉を回したという事実。その「日常」が、どうしても胸に引っ掛かります。ペンを箸にすることできぬまま季節巡ります。すっかり高くなった太陽を見上げます。

2024年8月

【 青林寺 】

床が鏡のように反射し、人気フォトスポットとしても有名な七尾市の青林寺。2024年11月時点では拝観中止となっている。

乗り越えた記憶

こみ上げる哀愁や喜びを五・七・五・七・七で。季節の移ろいを受け止め、その趣を五・七・五で。能登の人は古くから短歌や俳句をたしなみました。七尾市の和倉温泉には多くの石碑があります。「能登半島地震を乗り越えて」。ふと目に留まりました。17年前の3月に起きた大地震から1年の節目にちなんだ記念碑です。一首、吟じます。「復元の　倉の写真に　添えて書く　賀状のうれし　地震乗り越えて」―。再びこんな日が来ること、信じています。

1日（木）

盛夏

せわしなく、まとわりつく大音量。せみ時雨です。北陸地方が梅雨明けした1日、中能登町を歩きました。家々は敷地広く、お城みたいな蔵も珍しくないです。が、威厳ある伝統建築は傷だらけ。黒瓦はめくれ、白壁は落ち、割れた木板あらわです。屋根を覆うブルーシートは熱風にあおられ、何だか頼りないです。太平洋高気圧が張り出し、梅雨前線が北に離れた能登の夏空。その青色がブルーシートよりも濃いことに今更、気づきます。

2日（金）

「奉燈のために戻る。当たり前や」

炎天下。ふいに声掛けられました。「ひどいなぁ、ほんま信じられへん。道ぼこぼこやんか、瓦飛んどる」。七尾市石崎町でコテコテの関西弁です。大阪在住の86歳。「40までここおった」。日本遺産で知られる石崎奉燈《ほうとう》祭に合わせて帰省です。地震後初の故郷です。右肩に大きな黒バッグを下げて「そりゃ暑いわ。でもみんな戻ってくる。当たり前やんか」。右拳で左胸を2回たたいて「奉燈はな、石崎のここや」。漁師町の「命」が3日、ともります。

3日（土）

「サカサッサイッ」

太鼓の音がずんずん腹の奥に響きます。かねと笛の音が耳の奥に残ります。七尾市の石崎奉燈《ほうとう》祭。男衆100人の肩の上、高さ15メートル、重さ2トンのキリコです。法被にさらし、短パン姿。地下足袋で小気味よく、歩幅狭く、汗光らせて「サカサッサイッ」と進みます。地震と津波で大幅縮小。参加を断念した地区あります。それでも「負けてたまるか！」の旗が揺れます。ちょうちんの横に「海の神様　奉燈に乗せて」と書いてあります。

4日（日）

没後83年の日

飾り気なく、素朴で控えめ。なのに圧倒的な存在感です。志賀町出身の作家・加能作次郎の文学碑。故郷の富来漁港を見渡す崖の上、大地震にもびくともしませんでした。加能少年は貧しさに耐え、学びを重ね、東京の大学に進み、ふる里を題材に多くの小説を世に出しました。享年56。刻まれた碑文をなぞります。「人は誰でもその生涯の中に一度位自分で自分を幸福に思う時期を持つものである」―。今、被災した人たちを励まします。素朴で控えめに。

5日（月）

まつりのあと

こぢんまりした海沿いのまち。人口が普段の3倍、いや5倍とか10倍とかに感じました。七尾市の石崎奉燈《ほうとう》祭です。毎年8月の第1土曜。奉燈を軸に人の輪が幾重にも広がり、がやがや、ぎらぎらします。昼も夜も、ただ勇ましく、むんむんします。それを見たから、直後の静けさが寂しいです。被災し、議論百出だった伝統行事。今年は地元中学生による復興応援の看板が余韻を残します。夏が終わるまで、奉燈のイラストを掲げます。

6日（火）

立秋のブルーシート

猛烈な、危険な暑さです。夏真っ盛り。ですが、暦の上では秋です。こんなにも太陽が近く、空が青く、わた雲が浮かぶけど、暑中お見舞いでなく「残暑お見舞い」になるのです。能登の田園風景を眺めます。冬、あぜ道は割れていました。春、何とか田んぼに水が張られました。夏、手のひらほどだった苗はいつの間にかひざより高いです。ざーっと風になびきます。まだ穂は出てません。緑のじゅうたんの向こう、ブルーシートの屋根が並びます。

7日（水）

景色変わらず数字増える

傾いた民家の玄関先、雑草が伸びてます。屋根の板は外れ、くぎむき出しのまま電線にぶら下がってます。誰にも触られず、注意促す看板もなく、いつからこうなのかも分からず、ぶら下がってます。7月末、災害関連死の追加認定が19人、21人と続きました。8月に入り、石川県以外で初めての死者となる新潟県の2人がプラスされ、累計341人に。あの日から220日余り。景色変わらず、犠牲者の数は変わっていきます。平和とか命とか、より大切に、より深く意識する夏です。

8日（木）

窓が割れる理由

今か今かと待つ。と、ひゅーっと鳴って、ワンテンポ置いてドッカーン。ごう音に風圧、どよめき。昨夏、七尾市の和倉温泉で見た三尺玉。北陸中日新聞が半世紀近く主催する花火大会の目玉です。超ど級。「風圧で旅館の窓が割れた」との逸話に納得です。あれから1年。ファンで埋め尽くされた護岸は崩れてます。風圧がないのに旅館の窓が割れてます。8日の朝刊。読者投稿欄に、花火大会の中止を惜しみ、復活を信じるメッセージありました。同じ気持ちです。

9日（金）

「やっと仮設入る」

日本列島ざわつきました。何だかそわそわします。8日、宮崎で震度6弱。「南海トラフ巨大地震注意」―。翌9日の朝刊1面です。いつ来るのか来ないのか、誰も分かりません。ただ最大32万3千人の死亡想定あります。能登で暮らす今、人ごとに思えません。「落ち着かん誕生日やった。8日で80や」。その日、避難所の知人男性からの電話です。「やっと仮設入る」。その報告。10日が引っ越し。7カ月ぶりやなぁ」。心のどんよりがほんの少し、軽くなりました。

10日（土）

消えない おもてなしの心

朱色のイラストに心和みます。石川県をそっと両手で包む。7カ月が過ぎてなお傷が癒えない能登半島を支える。救う。そんな周囲の思いやりに対し、感謝を伝えてます。七尾市の和倉温泉。老舗旅館の玄関先に掲示です。体温並みの暑さが続いても、休まず復興に携わるボランティア、工事業者、そして地域のみんなに頭を下げてます。観光客の受け入れできてません。その見通しも立ちません。それでも、おもてなしの心はほんのわずかも消えてません。

11日（日）

海を望んで待つ

黒い土のうが視界を遮ります。大浴場に湯が流れる音はなく、露天風呂が掘り起こされてます。七尾市の和倉温泉「ホテル海望」。あの湯船につかったことある人なら、頭にタオルをのせて海に抱かれたことある人なら、分かります。この写真がどんなに残酷か、分かります。ちょっとやそっとの工事でないことも、分かります。でも待ちます。明治23年創業の底力を信じます。いつか再び、視線が水平線と重なるほどに深く、露天風呂の湯船に身を沈めたいです。

12日（月）

万策尽きました

天井に、ぽつんぽつんと埋め込まれた照明。すっきりモダンな、奥行きある印象です。わずかな木目を感じる黒いダイニングテーブル。窓の向こうには世界農業遺産・能登の里山里海です。七尾市の和倉温泉。朝食のパンがおいしいに決まってます。コーヒーお代わりに決まってます。リピーターになるに決まってます。今すぐにでもカーテン全開にしたいのに、お盆の帰省客を迎えたいのに、万策尽きました。近く取り壊すこと、決まってます。

13日（火）

「気が回らず申し訳ない」

気高い趣です。紫やピンクの花柄じゅうたん。老舗旅館の廊下は広くふかふかです。が、その足元は気のせいか斜めな感じします。七尾市の和倉温泉。壁に大量の畳です。建物の一部解体が決まり、145畳の大広間をはじめ、各部屋から運び出したのです。「あの時、避難所で使ってもらえばよかった。気が回らんかった。今更やね。力になれず、本当に申し訳ない気持ちでおるんです」。主人の言葉が澄んでいて、胸苦しくなります。みな被災者です。

14日（水）

被災地の盆

ジリジリと照りつける太陽。でもそこは、足を踏み入れたその場所は、信じられないほどひんやりです。盆の入り、穴水町の古刹《こさつ》来迎寺。木々が茂る、裏手に広がる墓地に立ちました。段々畑のように整備された先祖代々の墓石が転げ落ちています。ブルーシートの上に花が供えられています。創建1200年超。この墓地、聞けば「金のクジャクが舞い降りてすべての魂を救い、導いてくれる」との言い伝えがあるそうです。信じます。

15日（木）

「水をかけてあげるのも無理です」

目を閉じ、心の中で会話です。あの世でも安心して、ずっと見守っていてと、優しい表情を思い浮かべます。尊いです。なのに今夏、能登のお墓はあまりに無残です。「ここ父と母が眠ってます。でも水をかけてあげるのも無理で…」。金沢市から夫と訪れた50代女性は両親が大好物だったモモをふたつ供えます。ブルーシートの前にピンクのケイトウ、白いキク。割れた墓に手を合わせる気持ちはいかばかりか。セミの声がやけにせわしく響きます。

16日（金）

戦後79年の夏

ぱっと見、パイナップルです。が、目を凝らすと星形の細かい花がぎっしり。能登に咲く、その名もパイナップルリリー。南アフリカ原産。暑い盛りが見頃です。世話する75歳女性は盆のたび、茎を切り、母親の墓前に供えてきました。でも今夏は切りません。数珠かけません。地震後、親戚がばらばらに。それを機に「墓じまいした」。終戦の日、本紙に載った別の75歳女性の俳句です。「戦争を知らぬ三代墓参り」。被災地は今、人も墓も減ってます。

17日（土）

「光明です。地蔵たちにけがなかった」

不思議です。激しく揺さぶられ、耐えられず、台座の後ろでなく前に倒れたお地蔵様。うつぶせになるかと思いきや、あおむけです。しかも台座が「頭の上」にあるのです。穴水町にある真言宗の来迎寺。境内の六体地蔵です。地震後、誰も触れてないといいます。が、赤いよだれかけをしたまま二体並んですまし顔です。「一筋の光明です。地蔵たちにけがなかったこと、真っすぐ空を見つめていること、この先の希望です」。住職の言葉です。

18日（日）

19日（月）休刊日

能登国の古社

奥能登の中核、輪島市街地の真ん中に鎮座です。１３００年の歴史ある重蔵神社。参道は朝市通りにつながります。漁師は「守り神」と呼び、あがめます。地震のずっと前から、その後も、この先も、広い境内に人々集います。心のよりどころです。１２０キロ離れた県都で17日、みこしが練りました。ご神体を一時的に預かる金沢市の神社の計らいです。名を刻む石の柱がへし折られても、能登の、石川の、日本の宝を絶やすまいとの総意です。

20日（火）

みんなに支えられてたっている

どうにかこうにか、辛うじて、拝殿は倒れることなくたってます。輪島市の重蔵神社。境内を歩きます。どこを切り取っても、傷の深さ感じます。遠慮せず言います。復興への道のりは遠いと感じずにはいられません。ぐるっと回り、見上げます。はしごのようなつっかえ棒に支えられ、たってます。あの日から5カ月後、6月に起きた最大震度5強の余震にも耐えました。氏子はじめ、地域の真っすぐな、いちずな思いに支えられ、たってます。

21日（水）

「空を見とる暇なかった」

わずかも欠けず、真ん丸です。まぶしいほどに照らします。20日夜、七尾市です。ブルーシートの屋根並ぶ住宅地。その黒瓦の向こうに浮かびました。40人が身を寄せる避難所近く。当日の夜勤スタッフは「空を見とる暇なかった」。あの月は「8月の満月」だと、平和や自由、自立を願う特別な夜だったと、後になって知りました。朝夕、秋の気配が漂うとされる時季です。お盆が過ぎ、能登の夜はほんの少しだけ、暑さ和らいだ気がします。

22日（木）

手負いのこま犬 500超え

眼光鋭くないです。牙は見えません。勇ましさ消え、邪気はらうことできません。台座から落ち、左あしが割れ、頭もたげる力ありません。魔よけの力、残ってません。あの日からずっと、右のほおを地につけたままなのです。大きな傷を負ったこま犬は奥能登で300近く。県内全域で500超になると教わりました。がれきの奥。わびしい表情のこま犬は見るに忍びないです。今なお、半島のほとんどの地域で神前を守ることできてません。

23日（金）

「常に被災者の近くにいれる」

平行に並ぶ朱色の鳥居。そのすぐそばにクリームを絞ったような、おとぎの国にありそうなテント。輪島市内の神社にあるボランティアの拠点です。「限られた時間でね、外出てすぐ作業できる。常に被災者の近くにいれる。一生忘れんですね」。東京から来て寝泊まりする男性教諭が汗ぬぐいます。首にかけた白いタオル、泥とすすで汚れてます。こんなにも心寄せてくれる人がいたこと、助けてくれたこと、能登のみんなも一生忘れんです。

24日(土)

夕暮れ

広々とした交差点。行き交う車は速度をぐっと落とします。ハンドル握る手、慎重になります。輪島市の朝市通りに続く道。あの日、7階建てビルが根元から倒れた現場です。下敷きになった命を救えませんでした。今も道路にはみ出し、三角コーン並びます。遺族が願う倒壊の原因究明、安全確保に向けた公費解体。その両輪で議論が進みます。日が陰ると能登のキリコを模した街灯ともります。風情あるから、もの悲しさひときわ募ります。

25日（日）

「聞いてもろたありがとね」

イワシの缶詰、しょうゆ、水2リットル…。輪島市で続く支援物資の配布会場。「いつも助けてもろとる」。三輪車のサドルにもたれ、83歳女性が語ります。元日は夫の86歳の誕生日だったこと、お祝いしようと雑煮を用意していたこと、自宅が壊れ、持病を抱えた夫は病院を転々、本当にかわいそうな思いさせたこと、そして4月に逝ったこと。「聞いてもろたありがとね」。汗にじむ布の帽子、ペダル踏む後ろ姿。黙って見送ることしかできなかったです。

26日（月）

初詣の吉凶

大吉なら持ち帰る。凶なら持ち帰らない。いや、逆に大吉だからこそ持ち帰らず、神様とのご縁として心を込めて結ぶ。凶だからこそ持ち帰り、教訓として読み返し、お守りにする。正解ないです。だから余計に迷い、悩みます。迷い、悩んだ初詣客が「よい年になりますように」と願い、結んだおみくじは今も壊れた境内です。生ぬるい風に揺れてます。地震被害が確認された県内の神社が1200を超えました。あの日から、240日になります。

27日（火）

「台風こんといて」

季節も天気も関係なし。道路が乾きません。ずっと海水につかったままです。岸壁が沈下した石崎漁港（七尾市）。気温35度に迫った27日午後も一帯は水浸しです。もわっと覆う磯の香り。足元には「海のゴキブリ」と呼ばれるフナムシうようよ。「ほんっと何とかしてほしい」。近くの80代女性はすがるような目です。少しの雨でも玄関先まで海水が迫ります。「毎日何とか耐えとる。でも暴風雨とか高潮とかでどうなるか、想像できん。家の柱も傾いとるがに」

28日（水）

「壊すと立派さ分かる」

バリバリめくり、ガシャンとつぶし、ガバッとつかむ。市町が行う「公費解体」の現場です。台風10号の進路を気にしながら、汗まみれ、ほこりまみれ。福島市から来たという作業員が教えてくれます。「東日本（大震災）の時も思ったけどね、壊すと立派さ分かる。能登の家もそう。伝統とか重み分かる」。家屋などの解体撤去が加速です。「自費解体」と平行して進め、年内の目標は1万2千棟。最終的に県内で3万2410棟が、消えます。

29日（木）

「お花の世話できるだけで感謝しとる」

絵の具を垂らしたような、美々しいコントラストです。ハイビスカスかと思ったら違いました。七尾市郊外で見たモミジアオイ。「10年前からね、育てとる。地震の年もね、ちゃんと咲いた」。庭先で78歳女性がほほほと上品に笑います。朝に咲き、夕方しぼむ一日花。太く短く、だから精いっぱい彩るのです。数え切れぬつぼみ眺め、続けます。「ご近所にね、仮設住宅入る方おる。お花の世話できるだけで感謝しとる」。花言葉は穏やかな優しさです。

30日（金）

「防災の日」を前に

ぱっちりした目で訴えます。応援メッセージ募ります。中能登町の道の駅。おりひめちゃん。地元で盛んな織物産業にちなむマスコットです。地震後、半島の真ん中にある、この施設はフル稼働でした。食料や水、トイレは住民もちろん、自衛隊やボランティアの頼みの綱に。奥能登に向かう最後の休憩場所にもなりました。駅長が言います。「大事な防災拠点やと再認識した。みんなで能登守らんなん」。自ら被災し、自宅を失ってなお、この責任感です。

31日（土）

みんなの左手にある能登

◎半島記者の追想　8月

みなさん一人ひとりに、その手に小さな能登半島があります。左の手のひらが本州です。親指を軽く曲げます。付け根が金沢市だとすると、関節の内側が七尾市。今、ここで暮らしています。指の腹が穴水、能登の2町。外側に志賀町、輪島市と続き、爪の部分が珠洲市です。「海岸線」をなぞりながら、考えます。地震、火災、津波…。崩れたり、くぼんだり、盛り上がったり。今も通れぬ道があり、あかりが消えた家があり、耐え忍ぶ人たちがいます。そんな能登を救おうと大勢のボランティアが今夏、半島に入りました。腫れた関節をなで、シワシワな指の腹をさすり、割れた爪を押さえるのです。あの日から7カ月。「右も左も、きのう地震あったみたい。ほんと驚いた」。廃材を運ぶ東京の女子学生が軍手のまま、汗ぬぐいます。そして「能登の人たちって言葉とか表情とかすごく優しい。忘れられない」。今、七尾支局にはたくさんの便りが届きます。このうち、東京新聞の読者の手紙を紹介します。群馬県桐生市に住む元高校教諭の男性です。便箋2枚に細かな文字。「55年前に車中泊で能登半島一周の旅をしました。ところどころで能登の人たちの情けに触れました」。当時を思い浮かべながら「能登の人、能登の自然…鮮明に覚えています。だから、その能登をまるごと慈しむ思いに胸をうたれ、涙こぼしながら読んでいます」。東日本大震災を契機に地域福祉の活動に取り組んでおり、先日の会合でコラムを紹介。募金を呼びかけたそうです。今、能登の人たちの優しい言葉に、表情に、情けに触れる一人です。誰一人、波にさらわれることのないよう、手を差し伸べる。大切な「海岸線」を守るため、きょうも左手の親指をなぞります。

2024年9月

【 見附島 】

珠洲市にある見附島。高さは28mあり、軍艦島という愛称でも知られていた能登のシンボルだが、地震の影響で「船首」と「船尾」に当たる部分が崩落し、土砂が周辺に積み重なってしまった。

©石川県観光連盟

「感謝しかない」

自分になぞらえます。同じ境遇だったら、こんなにも純粋な、謙虚な気持ちになれるかなと自問します。自宅の玄関先。横断幕とのぼり旗を掲げる男性に会いました。55歳。会社員。3人暮らし。築39年のわが家に住めません。車中泊の後、避難所を転々。今も段ボールに囲まれた「部屋」で過ごします。なのに、です。「感謝しかない」というのです。そしてようやく仮設住宅の順番が来たといいます。能登の長月。新しい住まいに移る人たちがいます。

1日（日）

「誰でも気兼ねなく、ね」

飛んだり跳ねたり、人混みで大声を出したり…特別な配慮が必要な子たちを受け入れます。地震で工期が大幅に遅れ、でも何とか今夏に開所した七尾市の福祉施設。代表者が力込めます。「共同生活が苦手な子でも気兼ねなく、ね。災害時こそ役立ちたい」。あの日、避難所をあきらめ、行き場なく、路頭に迷う家族がいました。北陸新幹線と郷土力士の名にちなみ、強く優しく地域を支えようと扉開いた「かがやき」。誰一人、孤立させない居場所です。

2日（月）

「さぶい日に生かしてもろた」

敵弾をも防ぐ黒っぽいボディ。冬空の下、危機迫る雰囲気を醸し、ごつい車両が並んでました。発災直後、珠洲市の避難所を思い出します。欠くべからざる存在だった自衛隊。2日、能登を離れました。地震災害では過去最長となる240日超。派遣隊員延べ114万人。人命救助や物資輸送、給水、そして仮設風呂ー。避難所近くの69歳女性が手を合わせます。「今年最初の風呂で世話なった。さぶい日やった。頭洗わせてもろてね、生かしてもろた」

3日（火）

被災地からのアドバイス

いやいや違う、それじゃないよとツッコミました。南海トラフ地震臨時情報が出た後のニュース。ペットボトルの水、パックご飯、缶詰、そしてトイレットペーパーが売り上げアップです。防災意識の高まり歓迎です。が、せんえつながら忠告です。能登で1カ月余り断水生活した一人として言います。最優先は飲食でなく、ましてやペーパーでなく、携帯トイレです。我慢できません…。2月、能登町で見た津波の痕。シュールな絵が忘れられません。

4日（水）

能登を伝えるため通った

わが家を失った人たちが肩寄せ合い、いたわり合う。その声に耳を傾けたくて、表情から、視線から、何かを感じたくて通いました。支局から車で5分。七尾市内で最後の避難所が8日閉鎖です。思えば元日、700人でごった返しました。能登の傷は深く、癒えず、100人切りは3カ月後。そして8カ月がたち、残る40人が仮設住宅に移ります。今秋、計画通り能登全域の避難所が解消しても、しなくても、その声に耳を傾け、何かを感じていたいです。

5日（木）

250日目

何度も足を止め、読み返し、うなずいた壁一面のエール。あらためて目を凝らします。七尾市最後の避難所。閉鎖へカウントダウン、残り3日です。いずれ取り外されます。が、名残惜しく、胸に刻みたく、目を凝らします。メールでもラインでもなく手書き。幼い子が小さな手に力を込めて「みんなでたすけます」。ペンを握る姿が目に浮かぶから、じわりときます。何度も目を凝らすのは、じわりとくるのは、自分だけじゃないと思います。　6日（金）

「白露」の日

白いサイコロのような、空っぽのタンクが一つ、ぽつんと残されていました。まもなく閉じる七尾市最後の避難所。アーチ屋根の下、思い返せばここは仮設トイレの場所でした。粉雪が舞う日、母親と手をつないで順番を待つ子を見ました。歳月は流れ、便器を洗う水を張った丸いプールもバケツも、仮設シャワーも撤収です。9月、真夏日が続いてます。が、被災地の景色も気候も少しずつ移り変わります。白い露が草葉にぽつんと残る時節です。

7日（土）

尽くして求めない人

見返り求めず、たくらみなく、いちずに尽くす。そんな姿を陰で見てきました。きょう閉じる七尾市最後の避難所を支え続けた人を知ってます。事務所の机の下で横になり、何度も朝を迎えていたこと知ってます。顔出さなかった日、ほんの一日もなかったこと知ってます。身を粉にする、無欲、謙虚とはこういうことかと学びました。スマホケースに貼った「能登國　七尾城」のシールがいつはがれたかも思い出せぬほど、疾風怒濤《どとう》の252日を思います。

8日（日）

9日（月）休刊日

「大雨の影響や」

ぐにゃりと蛇行し、コンバイン中断です。「大雨の影響や。とおかはつかが過ぎても油断ならん」。農家が大息です。きょうは雑節の一つ「二百二十日」。立春から220日目。「にひゃくとおか」と合わせ、台風と稲刈りが重なる厄日だと、警戒が続く時期だと、恥ずかしながら、一から教わりました。十代目という83歳がくわを振り、82歳の妻が落ち穂を拾います。自宅は半壊。雨漏りを直し、秋空を願い、壁が崩れたままの居間で暮らしています。

10日（火）

「時間も労力も、ね」

風通しなく、じめっと不快です。足の踏み場なく、がくんと陥没です。七尾市の和倉温泉。老舗旅館の事務所です。被災直後じゃないです。発災8カ月の今です。これが現実です。公費解体が急がれます。県によると既に1割が完了。もう1割、いやまだ1割なのです。手続きに必要な書類はざっと15種類ほど。申請、審査、決定、立ち合い…。「時間も労力も、ね。仕方ないけどね、片付けもなかなか進まんのに」と旅館従業員。これが本音です。

11日（水）

「何十年もお客さん守ったけど…」

もじゃもじゃに絡まり、先っぽが床に触れてます。天井は抜かれ、内部あらわ。七尾市の和倉温泉。被災旅館です。火災警報や冷暖房、ポンプ…あらゆる設備機器を集中管理

する警備室です。全身に血液を巡らせるように、全館に電気を巡らせる「心臓部」。取り壊しが決まった室内を特別に案内してもらいました。まぶしい蛍光灯を見上げ、社長が言います。「何十年もお客さん守った。けど正月の地震でな」。もうここで鼓動は響きません。

12日（木）

「おもてなし一つできん」

薄い板で囲っただけの地味なシャワー室。部屋の奥に2つ並びます。が、手前にはリッチなソファ。天井には回転式の7色ライト。実はここ、かつてカラオケラウンジでした。和倉温泉（七尾市）の老舗旅館です。露天風呂と旬の味が自慢だったのに、素泊まりで精いっぱい。災害復旧の関係者を受け入れます。「せめて湯船で背中ぐーっと伸ばして、能登の魚食べて布団入ってもらいたいがに。なに一つできん」と宿の主人。歯がゆさにじみます。

13日（金）

21分の3

波打つ歩道。ふたが開いた側溝のぞきます。七尾市の和倉温泉。これが湯元の湧きたてを運ぶ「配湯管」です。東西に総延長1キロ超。さらに「枝管」をつなぎ、各旅館に80度の湯を届けます。が、この大動脈も毛細血管も大規模破損です。応急措置のため、本来は巻かれているはずの保温材はなく、鉄製のボルトむき出し。復旧難航の感が否めません。組合加盟の21旅館のうち、観光客の受け入れはわずか3旅館。あの日から8カ月余りがたつのに、です。

14日（土）

「母は強いです」

乳飲み子を抱く、その表情はどこまでも穏やか。志賀町の海岸に立つ慈母観音像です。戦地に赴き、戻らぬ息子を待ち続ける姿を歌った名曲「岸壁の母」。125年前のきょう、この地で生まれた端野いせの記念碑です。没後40年余り。町内にある万福寺の墓地に眠ります。100か200もある墓のうち、半数は元日に倒壊。なのに、いせの墓は無事でした。「母は強いです。多くの人が手を合わせに来ています」。住職も静かに手を合わせます。

15日（日）

「ガンバロウ」

その文字かっさかさです。元日。不意打ちされた直後だから、混乱のさなかだから、手の震え止まらなかったのかもしれません。それでも何度もペン握り直し、書き留めたのです。のと鉄道・田鶴浜駅（七尾市）。「お見舞い申し上げます」。待合室のノートに残されていました。次、別の人の書き込みは午後4時40分。地震30分後に「みんなでガンバロウ」。あの日、何があったのか、何を見たのか――。被災地の思いを乗客に伝える「語り部列車」。きょう出発進行です。

16日（月）

「ママ、もうグラグラ来んかね」

マイブームはスカート。迷わず水玉のワンピースを選びました。るんるん気分です。輪島市の神社でもらいました。これ、支援物資です。今春で3歳。地震の時、2歳。大きい棚がガシャーンと倒れました。ママに飛びついて、しがみついて泣きました。今も時々思い出します。壊れたままの景色を見てると心配になって、たまに「もうグラグラ来んかね」って聞きます。ママは「大丈夫」って抱っこしてくれます。だから頑張って幼稚園行ってます。

17日（火）

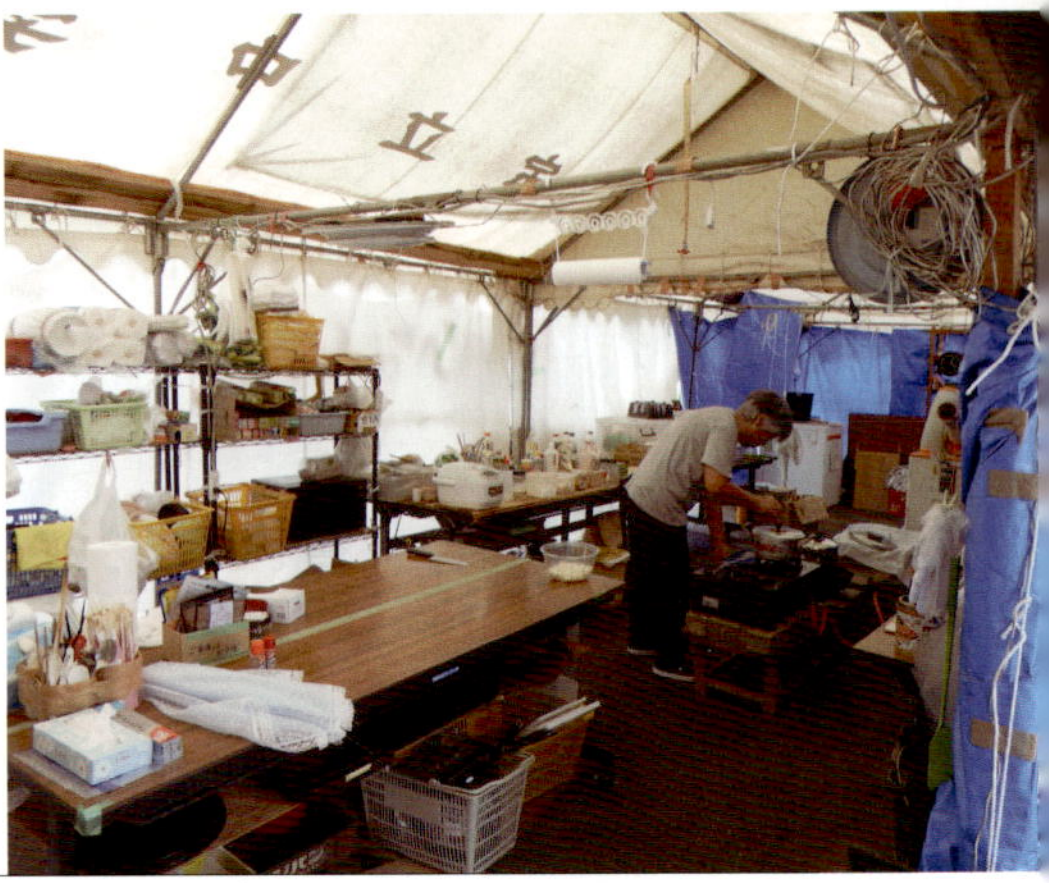

「仕事探さんなん」

和風だし香ります。夕方、おなか鳴ります。珠洲市内の避難所。テントのぞきました。女性が1人、豆腐のみそ汁を準備です。「2家族やよ、5人分」。実に丸8カ月。同じ時間帯に、同じ調理場に立ちます。「うちは築60年。公費解体いつになるんかね。そういや近く仮設住宅入る。そしたら仕事探さんなん」―。60歳。「再出発ですね」と返します。お互い笑顔になります。でも視線の先。路上に大人の胸の高さほど飛び出したマンホールが見えます。

18日（水）

地価下落率1位

頭の上、高く。丸く。白く。清らかな、こうこうたる光です。中秋の名月。枯れ枝と重なります。影絵となってくっきり浮かびます。街灯ない通り。ブルーシートの屋根も、崩れた壁も、そこらじゅうを優しく照らします。避難所の人たちも見上げているのかなとか思います。同じ日に発表された都道府県地価。住宅地も商業地も、下落率の全国1位は輪島市の中心部でした。ワースト上位を能登の各地点で独占です。被災地の現状がくっきり浮かびます。

19日（木）

「どうか一日も早く」

かさかさ鳴り、くるくる回ります。秋を告げる風がほおなでるたび、がれきを積んだトラックが凸凹道を通るたび、一斉に動き出します。命を吹き込まれたかのような、魂が降りてきたかのような光景です。珠洲市の神社で見た手作り風車。赤、青、緑…が通学路を彩ります。その数、ざっと300個。一つ一つに願い事あります。「どうか一日も早くふつうの生活に」「あわてずあせらず」「きっと笑える日が来る」―。きょうもかさかさ鳴り、くるくる回ります。

20日（金）

能登の宝たち

ぶかぶか制服。背中より大きい黄色いランドセル。春先は大丈夫かなと心配でした。が、すっかりしゃんとしてます。支局の窓に映る横断歩道。小学1年生が右手をぴんと伸ばして渡ってます。きょうから秋の全国交通安全運動。ふと思い出します。県内児童は18年連続減。前年度比1228人減で、うち奥能登が500人近くを占めます。地震で拍車です。2市2町の全児童は1200人を切りました。10年後、いや5年後…この地の未来、うまく想像できません。

21日（土）

神様、なぜまた…

天も地も容赦ないです。どうして能登ばかりなのでしょう。ただでさえ涙こらえている被災者をどうしてむごく、思いやりのかけらもなく、乱暴な目に遭わせるのでしょう。21日、大雨災害です。突き上げてめちゃくちゃに壊した半島にバケツひっくり返します。氾濫、土砂崩れ、道路寸断、孤立、停電、断水…。再び、逃げ惑う人々。再び、奪われた命。行方不明者の捜索が続きます。暑さ寒さも彼岸まで。能登は今、それどころでないです。

22日（日）

暮らしたいだけなのに…

ぜいたくわがまま言いません。望みは一つ。ほそぼそとつつましく、この地で暮らし続けたい。地震なんかに負けるもんかと前を向く。そんな人たちの気持ちを踏みにじり、あざ笑うかのような仕打ちです。豪雨から一夜。濁流にのまれた奥能登は川と道の境なく、どこもかしこも茶色です。取材班が近づけない場所あります。水も電気も電波も届きません。いつもの布団で眠れない人います。泥だらけで、傷だらけの冷たくなった手を握り、むせび泣く人がいます。

23日（月）

もうやめてくれ！

あの日、あの時もそうでした。お正月。朝刊1面の見出しは華やぐことなく、死者を数えました。黒くて太い横帯に白抜き文字。安否不明者の氏名を添えました。そして秋の、行楽の3連休も華やぐことなく、再び数え、添えます。七十二候の一つ・雷乃収声（かみなりすなわちこえをおさむ）。暑さ遠のき、実りの秋を静かに迎える季節です。なのに能登の川は暴れ、茶色く濁り、渦巻き、ゴーッと地面を震わせます。雷おさまる気配ないです。　24日（火）

こんな小さかったかな

朝焼けも夕焼けも息のむ美しさです。半島の先端、珠洲市。先人が残した「真珠の輝き」との表現、大げさでないです。「珠洲の海に　朝開きして　漕《こ》ぎ来れば　長浜の浦に　月照りにけり」　万葉歌人の大伴家持も詠んでいます。その海岸に寄せる波がキャラメル色です。高台から望むと青、緑、そしてキャラメル…と不自然な、異様な色味です。弧を描いた先に能登のシンボル・見附島。こんな形だったかな、こんなに小さかったかなと眺めます。

25日（水）

「家も人も流された」

電柱より高い巨木が根こそぎです。塀に引っ掛かり路上にせり出しています。編み目の柵には草木が張り付き、乾いています。珠洲市で目の当たりにした氾濫の爪痕です。「ここまで水あがったんや」。近くの男性が説明します。「でかい木どころか、家も流された。人も一緒になぁ」。奥能登の16河川があふれました。安否不明者います。生存率が下がる「72時間」経過です。1人、また1人…死者は11人に。あんなに大きな地震にも負けなかった能登の命です。

26日（木）

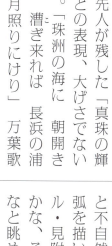

どこへ行けと言うのか

今にも転がりそう。まるで住宅模型のよう。足元えぐられ、踏ん張ることできません。踏ん張るとこありません。珠洲市の若山川が暴れました。四角い家が大変な難儀です。背の高い玄関ドア。せせらぎ届く大小の窓。外壁に合うカーテン。ああしよう、こうしようと意匠を凝らした家人を思います。傾き、水につかる対岸のわが家。思い出あふれてくるだろうと思います。日没近く。カァカァ響きます。カラスだって、わが家へと帰る時間です。

27日（金）

「ありがたい。水と電気あるとこ行ける」

縦に裂けた山肌。ツタが絡む巨岩が目の前に転がっています。根をさらす木々。泥の臭い。背筋寒くなります。土砂が路面を埋めています。国道や県道でさえも、まだ約30カ所で通行止め。孤立集落は集団避難です。里山に自衛隊ヘリが降り立ちます。黒いリュック姿のお年寄りは右手につえ。左手で隊員の袖を握ります。ヘリの風圧で何度もよろけています。「水とか電気とかあるとこ行ける」と手を合わせています。その姿、見ていられないです。

28日（土）

多重被災

どれほどの破壊力で、どれほどの恐怖だったのか。あの時、何が起きたのか。地図を広げ、たくさん声を聞き、情報を集め、専門家に学び、少しは分かったつもりでした。が、ここまでくると自治体も

分かりません。氾濫した川沿いで見た一場面です。胸の高さに突き出たマンホールの上、座礁船のようにかぶさる歩道。どこまでが地震の影響で、どこからが豪雨による追い打ちなのかが分かりません。もはやそのすべてを推し量ることできません。

29日（日）

「空飛ぶクルマ」

この瞬間、まさか乗ってなかったと思います。ここは歩道です。豪雨被害の地です。大量の枝葉を巻き込む前輪。腰の高さに浮く後輪。濁流にされるがままです。その翌日。朝刊で「空飛ぶクルマ」の記事ありました。来春の大阪・関西万博の目玉とのこと。一般客を乗せる乗せないの話題です。この「クルマ」なら逃げ遅れないな…などとぼんやり思います。いやそれよりも、その巨額予算をほんの少し、能登に分けてもらえないかなと思い直します。

30日（月）

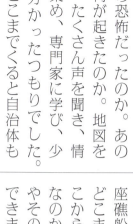

◎半島記者の追想　9月

希望からの逆戻り

あの日からずっと、能登の人たちは真っ暗な道を歩いてきました。光が見えず、それでもわがまま言わず、ぜいたくせず、せめてもの願いとして仮設住宅を待ちました。その姿を近くで見てきました。そしてようやく、です。季節は秋。各地の避難所が順次、閉鎖されていきます。おぼろげな希望を感じます。「やっと順番きた。仮設や。体操のマット敷いて寝ることもうないわ」。80を過ぎた知人の男性がおどけます。心のゆとりが伝わります。それなのに、

です。能登が壊れて265日目、9月21日のことです。地域行事が満載の3連休の初日でした。どしゃ降り。その朝、七尾支局のガラス窓は滝のようでした。雲は厚く、低く圧迫感を感じる雨風です。目の前の道路は川のよう。ライトをつけた車がばしゃばしゃとしぶきをあげます。取材を途中で引き揚げ、ずぶぬれで戻ってきた記者の声がうわずります。「ほんとやばいです。被害でます」。線状降水帯が奥能登を覆っていました。気象庁が大雨特別警報を発表。牙をむく自然に再び、緊張です。取材態勢は、正月の、あの時の状況に逆戻り。大地震

で生きながらえた命が土砂の底に埋まります。そして入居を始めてまもない仮設住宅にも泥水です。「なんで能登ばっか。わしらここで生まれたんや。ここで死にたいからたいそうしてでもおるんや。でもまたか。もうここ住んだらだめや、出て行けってことか」。つい先日、おどけていた男性です。電話口の強弱ある声が、今も耳から離れません。茶色に塗られた集落を包む湿っぽいにおいが、今も鼻から離れません。泥だらけの長靴の底を、今も洗えていません。あの日から9カ月もたたぬうち、再びぐるぐる回ります。「神様どうして」―。

2024年10月

【 白米千枚田 】

輪島市の白米千枚田（2021年9月撮影）。小さな棚田が重なり海岸まで続く絶景で知られる。地すべりが起きやすい土手をなくすため、斜面に段をつくったことで現在の姿になったとされている。「田植えしたのが九百九十九枚あとの一枚蓑の下」などの古謡が歌い継がれている。

水害へて地震9カ月

月あかり。波が小さなリズムです。揺らぐ川面。海を望む河口に虹がかかってます。珠洲市を流れる若山川。少し離れた上流域は護岸が崩れました。豪雨による氾濫でたくさん犠牲を出しました。でも、この7色の光は無事でした。地元飯田高の生徒たちが思いを込めた電飾です。日が落ちてから3時間限定のメッセージだと教わりました。半島の先っぽに「感謝」の虹がかかります。秋の夜長。りんりん虫の音が共演です。励ますように響きます。　1日（火）

「ともに進もう」

暑さ続きます。部屋も車もエアコンです。この先も、真夏日の予報あります。蚊います。半袖です。が、夜。その格好で外に出て後悔します。元日に殴られ、でも何とかはい上がろうとした人たちが今度は大水に足すくわれました。

そして今、衆院選の動きです。「復興を最優先」「対応を急ぐ」―。政治家の言葉です。信じてよいでしょうか。「ともに進もう」と指切りしてくれるでしょうか。10月。地震の死者は増え、412人になる見通しです。

2日（水）

「こんなんばっかしとる」

視線の高さ。ぱさぱさの枯れ草が太い帯になってます。建具にこびりついてます。この深さの「大河」が流れたのです。その奥、同じ色の建具が横倒しになっているのも見えます。珠洲市のあちこちに豪雨の痕跡。浄水場は壊れ、一時は市内3割超が断水です。

そして再び、給水車に人の列。「こんなことばっかしとる」。ポリタンクに水をくむ男性の目は明らかに疲れてます。地震9カ月が過ぎ、またしてもです。顔さえ十分に洗えず、朝を迎える人たちいます。

3日（木）

道も流された

小さな橋です。30歩ほどで渡りきった先、田んぼあり、いくつか民家あり、国道に出ます。が、近づくことできません。道がないです。冬の地震でひび割れ、それでもつながっていましたが秋の豪雨で流されました。ショベルカーでごっそり掘ったような陥没。アスファルトがめくれ、護岸もろとも持っていかれました。あるはずの道がないです。小さくても、30歩ほどでも、この地で暮らす人たちにとって大事な橋なのに、近づくことできません。

4日（金）

「自分の命より大事でした」

どんなに怖かったか。14歳です。広い海で一人、どんなに寂しかったか。自宅ごと流された輪島市の女子生徒。170キロ離れた福井沖で見つかりました。土砂をのみ、窒息死。制服や枕、家族写真、左の靴、へその緒…に続き、家族の元へ。自分のお下がりの服を着て目を閉じる娘に「おかえり」と泣く父親。輪島塗を一緒にやろうと夢描いていた祖父は「自分の命より大事な孫でした」。胸張り裂けます。豪雨から2週間。半島を包む悲しみ、海より深いです。

5日（土）

とおせんぼ

立ち入り禁止カラーです。黒に黄色。しましまの、目の前の長い足に焦ります。幼子の手のひらほどのクモ。見たことないサイズです。能登町の道の駅「桜峠」。地元特産ブルーベリーソフトが人気です。近くの庭で親子連れが池のコイに餌やりしてます。が、トイレ使えません。クモが複雑に網を広げ、足を広げ、にらみ利かせてます。だから仮設で用を足すしかないです。水を流せぬまま、クモの巣を払うことできぬまま、あの日から２８０日です。6日(日)

「祭りにゃ戻る」

笛や太鼓の調べ。入ってすぐ、大型モニターからです。能登町の道の駅「桜峠」。キリコ祭りのPR映像がエンドレスです。「盆や正月に戻らんでも祭りにゃ戻る。外国おってもや」。地元の72歳男性です。「船乗りしとった。60ほど国を回ったけどな、祭りにゃ戻って担いだ」。今、この映像から目をそらし、耳ふさぐ人がいます。傷つく前の、当たり前だった情景に涙ぐむ人さえ、います。半島のキリコは７００～８００基。地震や豪雨が来る前の数字です。

7日（月）

全部同じ向き

裂けた歩道。その真ん中に手押しの一輪車です。どこから来たのか、ぽつんと1台。巻き付く草や木の枝。さびあり。逆さま。でもタイヤ回ります。豪雨で氾濫した川沿い。辺り一面、草や木はもちろん、道路標識も下流を向いて倒れています。東京ドーム200個分の農地が冠水した能登。収穫間近の稲も泥水につかりました。例年より苦労し、ようやく実った黄金色の穂。手にすること許されぬまま、壊れた里山に冷たい露がつき始めます。

8日（火）

19日間放置されたトラック

まともに見られません。酷です。哀れみや同情などみじんもないです。氾濫に巻き込まれた白いトラック。流木が運転席を貫き、ハンドルに絡まり、窓から出ています。足回りに草木が詰まってます。通常、タイヤが水没するとエンジン停止。車体が浮き始め、水深がドアより上になると脱出できません。日が落ちた後。気になって再び見に行きました。路肩の縁石にぶつかったまま。不気味な絵です。平和とは真逆の、酷な光景が能登にあります。

9日（水）

重なる苦難

七福神です。漁業や商売の守り神です。珠洲市を流れる若山川。深まる秋の夜、海に近い大きな橋に浮かびます。えびす様。普通なら右手に釣りざお、左手にタイ。でもちょっと違います。跳ねるタイを両手で掲げます。渾身《こんしん》の力を絞るかのように、一人でも多くの人たちを励ますかのように掲げます。氾濫あり、犠牲あり。たくさん涙あります。そして今なお川の水は濁っているけれど、えびす顔。能登は豪雨から20日目を迎えます。

10日（木）

「寂しいって言うか悔しい」

草ぼうぼう。木の枝が遊具を覆います。滑り台には黄色テープ。使用禁止です。被災した宝達志水町の南部保育所。はしゃぎ回る声が戻ることないまま来春に閉鎖です。築20年。「見た目きれい。専門家じゃないし分からんけどまだまだ使えそう。寂しいって言うか悔しい」。長く勤めた保育士の思いです。半島の付け根に位置しています。震源地から少し遠くても、目には見えなくても、9カ月がたっていても、建物も人々も、傷ついています。

11日（金）

「教科書を届けたかったから」

板張りの外壁に黒マジック。手書きの本棚です。珠洲市の「いろは書店」。元日に全壊し、およそ1万冊が下敷きに。それでも桜が咲くより先に、この仮店舗で再出発しました。「教科書を届けたかったから」。店主の言葉です。83歳。「子どもも少ななっても大事な仕事なんや」。地元の高校は1校に減り、新入生の数は「昔500。今50ほど」。創業75年。時代が変わろうが、店舗が変わろうが、変わらぬ思い。手書きの本棚に、利他の心が映ります。

12日（土）

「震えとったのを抱いて逃げた」

ぴぃちゃんです。仮設住宅で暮らすトイプードル。20歳。人間にして100歳ほど。「白内障で目が見えん。だけど地震も水害も怖がった。すごく震えとった。だから抱いて逃げた」。飼い主の女性が頭なでます。5分後。別の女性と目が合います。エプロン姿。「黒いの見んかったけ」。しっぽが長い黒の飼い猫を捜しています。「仮設の戸をすっと開けて出てった。隣近所どこも同じ玄関やし、迷っとるのかも」。ペットも動揺し、戸惑い、ストレス抱えてます。

13日（日）

すやすや…

むすんだり、ひらいたり。もみじのような小さな手です。タオルケットからは小さな足ものぞきます。楽しい夢なのでしょうか。その指がぴくぴく動きます。部屋は「りす組」。お昼寝の時間です。が、ここは保育所ではないです。地震で被災し、近くの小学校の教室を借りているのです。黒板に国語や算数のうんぬんはなく、動物や果物の絵が並びます。年上のお兄さんお姉さんたちは、廊下を静かに歩きます。思いやり、支え合う。感謝の心も育みます。

14日（月）

15日（火）休刊日

「急がんなんとこ、逆やな」

波音が近い集落。秋空の下、民家が横倒しです。あの日のままの姿です。15日、衆院選が公示です。内閣発足から戦後最短で解散し、戦後2番目の短期決戦。被災地の時間は止まっていても、この国の動きは駆け足です。「急がんなんとこ急がんでいいとこ、逆やな」。軽トラックの男性の言葉です。賛否論じません。ただもしも、時の政権が能登の人であっても、自宅が横になっていても、大切な人を失っていても、それでも選挙を急ぐのかなと考えます。16日（水）

花を見ることできず

やわな花びら。ふっと吹くと壊れそうな、透き通ったラッパです。いわゆる夏の花。10月に咲くこと知りませんでした。秋のアサガオです。仮設住宅でつるを伸ばし、つぼみを付けます。味気ない玄関先に色を添えます。誰かを癒やしたいのに、きれいやなぁと褒めてもらいたいのに、気付かれることないです。記録的な豪雨で近くの川が氾濫し、浸水し、みんなここから出て行きました。花言葉は「結束」。今こそ心一つにしたいのに、かないません。

17日（木）

「あとね、人がいいね」

自分、どちらかと言えば声を張るタイプです。この方も、そう。勝手ながら共感しました。俳優の西田敏行さん。「いやー能登いいね、酒も魚も。あとね、人がいいね」。18年前の夏、お会いしました。能登が舞台の映画「釣りバカ日誌」完成披露会。その声が、口元に当てた手が、すごく大きかったのを覚えてます。17日、急逝のニュースです。享年76。仮設住宅を追われた多くの人たちは、避難所で訃報に接しました。「いいね！」。あの大きな声、今こそもう一度、能登に届けてほしかったです。

18日（金）

「なんもかも浮いたんやわ」

色も形も大きさも、端から端まで全く同じ。屋根、玄関、ポスト…画一的です。が、木製スロープへし折られ、ずれ動き、向かいの建物にぶつかってます。輪島市の仮設住宅。「川の水あふれてざぶんときた。なんもかも浮いたんやわ」。工事業者が説明します。この団地、豪雨を浴びた142棟すべてが床上浸水。業者が続けます。「胸の高さにきて泳いで逃げたんやと。怖かったと思う」。入居して数カ月で、もぬけの殻。まだ泥水の臭いします。19日(土)

「少なくとも3カ月…」

起こるべくして起きた、のかもしれません。ここは洪水の浸水想定区域です。そもそも災害リスク高いです。案の定、豪雨で大水被害に遭った輪島市の仮設住宅。仕方ないでは済まされません。が、理由あります。山が連なり、平地が少ない半島。候補地が限られます。やむなく建てた結果が、これです。「場所がない」と表情硬い知事。そこで次は「プレハブではなく木造2階建てに」。数を稼ぎます。ただ完成まで「少なくとも3カ月」。てことは避難所で暮らす被災者はそこでそのまま新年を…。

20日（日）

豪雨から1カ月

どこが玄関か、子ども部屋か。痕跡なし。建物の基礎だけが残ります。住宅4棟が流された輪島市の現場。亡くなった中学3年生、喜三《きそ》翼音《はのん》さんの「自宅」で白、紫、ピンクの花を見ました。英語の辞書や色鉛筆と一緒に雨にぬれていました。祖父母が営む輪島塗の工房を手伝っていた14歳。蒔絵師の祖父が描くフクロウが大好きだったといいます。クリクリの目で「翼」を広げるデザイン。かわいい鳥の絵に、目頭がじわりきたのは初めてです。

21日（月）

何度も繰り返される黙とう

山にも川にも道路にも、民家の庭にも流木です。濁った川に架かる橋はひび割れてます。どこもかしこも、どろどろでぼろぼろ。土砂にまみれた集落に心痛です。大雨から1カ月。14人が亡くなり、今も1人の行方が分かりません。泥をかきだす住民もボランティアも復旧作業員も、みな手を止め、目を閉じます。地震、火災、津波、豪雨…。能登ではこうした祈りの光景がいったい何度、繰り返されるのか。それにしても、ひと月。あまりにも早いです。22日（火）

泥遊びのごとく

幾重にも折り重なる田んぼ。座布団で隠せるほど小さいのもあります。輪島市の白米千枚田。1004枚。元日に崩れ、今春の田植えは120枚だけ。その稲刈りの様子を見て慈しみの思いが膨らみました。が、その後すぐ、記録的豪雨です。ど真ん中が陥没です。午後6時。あたりにゆうやけこやけが流れます。割れたあぜ道にかぶせるように響くから、何だか感傷的になります。日が落ちるとぐっと冷えます。霜が降り始めるころです。秋の哀愁が漂います。

23日（水）

この音と景色をまだ覚えていますか？

ズズーッ、ズズーッ…。勢いよくストローで吸い上げる。そんな不気味な音を響かせてます。住宅4棟をさらった輪島市の塚田川。黒い車がひっくり返ってます。窓もドアも、タイヤのゴムもむしり取られてます。就任後、初の地方視察で能登に入った石破茂首相と同じ現場を歩きました。同じ光景を見ました。今、世は衆院選です。あの音、あの車を思い出してほしいです。投票箱が閉じた後も、どんな結果でも、ずっと忘れないでほしいです。

24日（木）

地震大国

ガードレールに沿って歩いた先、行く手を阻まれます。道が消えてます。地震で傷み、豪雨で壊滅した輪島市の集落。家も人も、消えてます。想像を絶する土砂崩れ。新潟県の中越地震を思い出します。ちょうど20年前、この時期です。幼子を連れた母親が巻き込まれます。関連死を含め、計68人が犠牲に。キャンドルともす追悼式の中継をみながら思います。面積は全世界のわずか0・25%。なのに、大きな地震の5回に1回は、この国で起きている現実です。

25日（金）

地震300日目

空や海と同じくらい、道路も鮮やかなブルーです。ツインブリッジのと。七尾湾に浮かぶ能登島にかかる大型つり橋です。左右にあやとりひものようなデザインが映える全長620メートル。能登の自然をくるむ景観は「絵画のよう」と称されます。が、元日に橋桁が落ち、1度も通ることできていません。群発地震の地。何度も耐えてきましたが、完成から四半世紀で初の「致命傷」です。この地震の死者は関連死の追加認定により426人になる見通しです。

26日（土）

投開票—「雲外争点」

傷ついたまちを、ひとを救いたい。畳15枚ほどに、ほとばしる思いです。のと里山空港（輪島市）。雲を突き抜けた先、はるかかなた。そこは青空だ。転じて、今ある苦難を乗り越えれば明るい未来が待っている—。能登の生徒たちが掲げます。衆院選も最終盤。

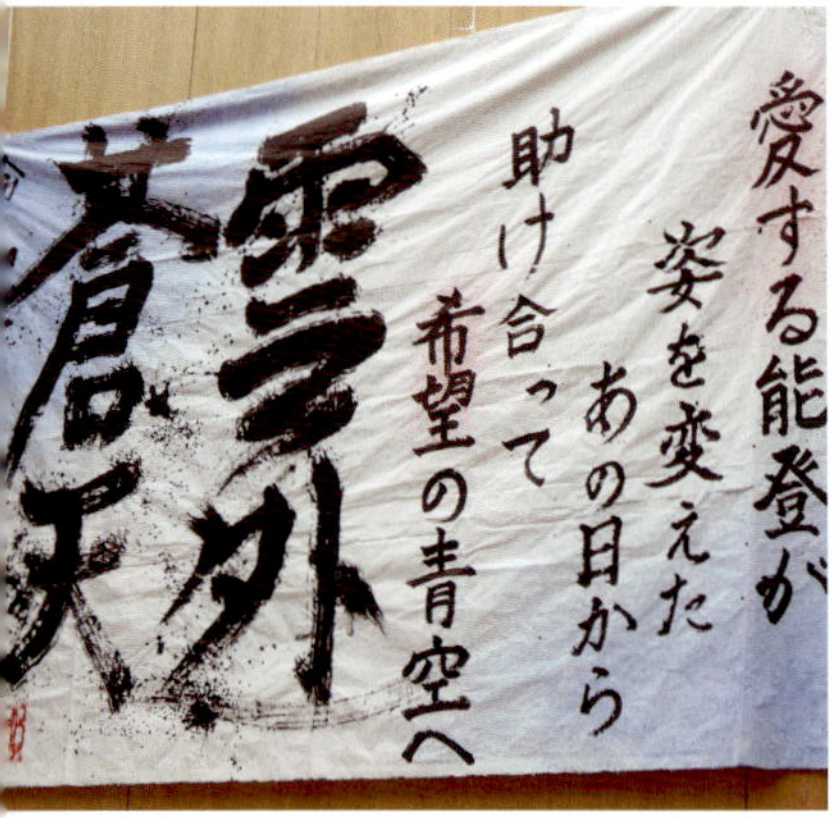

この書と同じくらい、マイクの声は純粋でしょうか。「政治とカネ」のああだこうだばかりが響きます。もう少し被災地のこと聞きたいです。与野党の論戦。「雲外争点」に思えてなりません。

27日（日）

28日（月）衆院選特別紙面で「能登版」なし

落ちそうな架け橋

雨が降るたび思います。あの橋のことが気になります。大水が襲った輪島市の集落。太い流木が濁流の両岸をつないでいます。やじろべえのようにバランスとって渡ります。長靴の底が滑らないか、急な風が吹かないか…息を止めて渡ります。さて、衆院選から一夜。涙目で万歳し、民意の橋を渡った政治家たちが覚悟を語ります。ならばぜひ、能登の橋も渡ってほしいです。その先に避難所があります。地震と豪雨で被災した600人超が暮らしています。

29日（火）

あーした天気に

自然の猛威です。手も足も出ません。重機の爪でたたき割ったような道路。ひしゃげたガードレールには折れた電柱や巨木が挟まります。奥能登の豪雨。こんなにもすさまじく、記録にも、記憶にも残るのに、気象庁はその雲を察知できませんでした。線状降水帯の予測は今年81回出すも、実際に発生したのは8回。的中率は1割に届きません。何だか複雑です。天気予報は10日先でも当たるのに—などと考えます。「見逃し」という事実。誰を恨むでもなく、天を恨みます。

30日（水）

「奇跡のキリン」

何げない海沿いの公園。その奥、筋肉質な白い尻に一瞬、尻込みです。どきっとしたり、くすっとしたり。独特な感性あふれる「奥能登国際芸術祭」。昨秋の作品が今も、珠洲市にあります。地震にも、豪雨にも耐えた「奇跡のキリン」。耳をピンと立て、がしゃんばりばりと響き渡る解体工事の音を聞きます。足元には、そんなこととつゆ知らず、夢中で乳を吸う幼い子。どうか無事に、健やかに育ってほしい――。母親は祈るような目で、首を長くして、復興の日を待っています。31日（木）

「伝えるんや」

その右手、少し揺れます。が、死力を注いで筆を握ります。被災した七尾市の真宗大谷派「願正寺」前住職で書家の三藤観映さん。77歳。かつて東大寺仁王尊像修復で記念胎内経を担当し、書道の講師として数々のテレビ番組に出演した知名人です。が、2年前、脳卒中で右半身不随に。利き手が「ぴくりともせんくなった」。ならば左手でーと何千枚も稽古して「左利きの書家」になりました。そして元日、またも試練です。願正寺は創建360年超。築160年余りの本堂は解体され、再建の道筋は見えません。自身も3カ月にわたる避難生活。それでも、です。誰もがふらつくこの地に希望を届けようと、再び、懸命に右手を動かします。「絶対あきらめん。負けとられん。右手がだめなら左手、左手がだめなら口にくわえてでも書く。この字で伝えるんや」。今、硯《すずり》を右に置きます。揮毫するのは東日本大震災の復興を願い、福島県の酒蔵が毎年醸造する日本酒「絆舞」。この冬、渾身の書が限定ラベルになります。被災地の「絆」を示します。能登には大病にも、大地震にも屈しない「両利きの書家」がいます。「口にくわえてでも書く。伝えるんや」―。この志、被災地の記者として、胸に抱き続けます。

8日（8）

あとがき

　この世で今、何が起きているのか。そこに誰かいるのか、いないのか。取材を尽くします。本質を見抜き、迫ります。ありのままを報じます。そんなジャーナリストでありたいと願う1人です。端くれです。新聞記者として四半世紀余り。能登を伝えたくて、思い巡らせ、ひび割れた道を歩きました。アンテナを張り、耳を傾けました。が、取材を尽くしたとは到底、言えません。見抜いていないし、迫ってもいません。地震、火災、津波、豪雨…。もう2度と会えないわが子の写真に触れ、涙を流す人がいます。やっと入居した仮設住宅を追われ、再び避難所で毛布をかぶる人がいます。被災者にとって、この３００日は節目でも何でもないのです。

◆「強し」と「なんぼ」

「ペンは剣よりも強し。忘れんな」。駆け出しの頃、よく聞かされたフレーズです。誇りです。重責を担うからこそ、どんな時も謙虚でなければならない。そう言い聞かせてきました。信念は「書いてなんぼ」。書かないと何も始まらない。冷静に、淡々と取材を尽くし、見抜き、迫る。肩書は「記す者」。それこそが使命だと、それができて初めて一人前だと自分にプレッシャーをかけてきました。賛否あろうとも、少なからぬペンの影響力が誇らしく、今があります。

　記者人生。その多くが警察司法の担当でした。目を背けたくなる事件や事故、感情が交錯する法廷を前のめりで書きました。エリートとは程遠いです。ただ知識は乏しくても気力と体力、好奇心でこじ開けます。発表に頼らぬ調査報道にも傾注し、埋もれた事実を掘り起こします。アポなしも、夜討ち朝駆けも恐れません。今も手元にはガラケー。合理性を求める社会風潮の中で、不器用な面は否定しません。胸の奥に抱く「強し」と「なんぼ」。それが唯一の武器でした。

武器でした—。過去形です。能登の自然を、そこで暮らす人たちを、一度ならず、二度、三度と壊した災害取材の最前線に立ち、あまりにちっぽけな自分に気づきました。無力です。被災者のすぐそばで、その思いを拾い上げるのが仕事なのに、使命なのに、胸いっぱいで言葉を掛けることさえできなくなる時があります。記者たるものの「冷静に、淡々と」を実践できないのです。

ここに打ち明けます。取材する立場なのに、申し訳ないです。不覚にも、地震で妻子を失った男性の前で、泣きました。本当に情けないです。奥歯かみ締めても、腹をつねっても、こらえきれず、堰を切ったように涙あふれて止まりませんでした。それはジャーナリストの姿ではなかったです。

あの日、火の海となった輪島朝市通り。そのすぐ近く、7階建てビルが倒れ、居酒屋「わじまんま」がつぶされます。店主の男性は下敷きになった妻と長女を助けようと一心不乱にがれきを掘りました。2人は生きていました。そして長女は「パパ、お水ちょうだい」。何度も水を渡して「絶対に助けてやっから」と約束したといいます。目に入れても痛くないのに、自分の命よりも大事な宝なのに、手が届くのに「守れんかった。気が狂うよ、ほんとに」。4日後に20歳の誕生日を控えていた。成人式で着る振り袖姿の前撮り写真を見せてくれた。「パパ大好き」と言ってくれた—。丁寧に、懸命に、気丈に語ってくれるのに、質問できず、ペン握ったまま泣きました。それなりに厳しい取材を踏んできたつもりでいたけれど「強し」とか「なんぼ」を名乗れるような記者ではありませんでした。

実は男性とは初対面ではないです。輪島市にあった在りし日の居酒屋を訪ねています。親分肌な人柄にひかれて「また来ます」と握手しています。それから2カ月半後。倒壊したビルの下に潜り、遺品を捜す後ろ姿をみても、声を掛けることができませんでした。どう向き合えばよいのかあれこれ迷い、直接話を聞けませんでした。2月20日の記事です。

　神無月。男性を訪ねたのは地震から279日目でした。かつて家族と暮らした川崎市で同じ名前の居酒屋「わじまんま」を営んでいます。現場の倒壊ビル解体が決まったタイミングに、意を決して足を運びました。再会なのに、ずっと考えていたことの半分も聞けず、顔を上げれず、気が利いた配慮も何一つできませんでした。

　店内の一角。地震の発生時刻、4時10分を少し回って止まる丸い時計が置いてありました。「あの日のまま」。店主である男性が自ら筆書きの札を添えています。300回目の朝を迎えても、その針を1秒たりとも進めることができない被災者がいます。心乱れ、取材を尽くせない記者がいます。大災害は終わっていないのです。能登半島記（未完）。そのゆえんです。

〈被災地より、最後に一言〉

この本は能登で印刷されています。七尾市に本社を置き、輪島市に営業所がある石川印刷株式会社。度重なる災害に深刻な損失を被りながらも踏ん張っています。9月の豪雨では、胸まで水につかり、母親をおぶって逃げた輪島の従業員もいたそうです。そんな地元企業を応援します。被災地ゆえ、資材の入手や物流では大変なハンディです。苦労して生まれた本が東京を経由し、全国の皆さんのお手元に届いています。「微力だが、能登に関わりたい」と出版の道筋を考えてくれた時事通信出版局の皆さん、ありがとうございました。デザイナーさん、いつも支えてくれる北陸中日新聞の仲間たち…すべての方々に深く感謝します。

石川県出身の松井秀喜さんが帯にメッセージを寄せてくれました。「能登の明るい未来を信じて日々を生き抜いている方々がここにいます。心からのエールを送ります」。被災地にそっと寄り添う、胸に響く言葉です。地元記者として取材させてもらったことあります。でも、その時はこんな形で力をもらえる日が来るとは想像すらしてなかったです。心の底から感謝します。

最後に取材を受けてくださった皆さんに、あらためて心からの感謝を申し上げます。たくさんの思いを真摯に受け止めます。能登を救いたいです。印税の一部、被災地に寄付いたします。

前口憲幸

能登半島記（未完）
被災記者が記録した300日の肉声と景色

著・前口《まえぐち》憲幸《のりゆき》

中日新聞北陸本社（北陸中日新聞）七尾支局長。金沢大学卒業。入社後、ほぼ石川県内で取材活動をしてきた。本社報道部では警察司法キャップや石川県政キャップ、遊軍キャップ、ニュースデスクなどを担当。多面的な調査報道にも取り組む。2023年3月から現職。翌24年の元日以降、被災した支局で地震取材を指揮する。朝刊に欠かさず執筆する掌編コラムを北陸中日新聞「能登版」、東京新聞「特報面」に掲載している。

2025年1月11日　初版発行
2025年2月2日　第三刷発行

著　　者：前口憲幸
発 行 者：花野井道郎
発 行 所：株式会社時事通信出版局
印　　刷：石川印刷株式会社
〒926-0021 石川県七尾市本府中町 ヲ部8の2
製　　本：堀岡製本印刷有限会社
〒920-0807 石川県金沢市乙丸町丙22番地1

発　　売：株式会社時事通信社
〒104-8178 東京都中央区銀座5-15-8
電話 03（5565）2155
https://bookpub.jiji.com/
ブックデザイン：長内研二（長内デザイン室）
編 集 担 当：大久保昌彦

ISBN978-4-7887-1998-9　C0036　Printed in Japan
落丁・乱丁はお取り替えいたします。定価はカバーに表示してあります。
★本書のご感想をお寄せください。宛先はmbook@book.jiji.com